Siegfried Karg

Wer Ohren hat, der würde gerne hören

Siegfried Karg

Wer Ohren hat, der würde gerne hören

Schwerhörigenseelsorge und Induktive Höranlagen können helfen Vorwort Prof. Dr. med. Thomas Linder

Fromm Verlag

Impressum / Imprint
Bibliografische Information der Deutschen Nationalbibliothek: Die Deutsche Nationalbibliothek verzeichnet diese Publikation in der Deutschen Nationalbibliografie; detaillierte bibliografische Daten sind im Internet über http://dnb.d-nb.de abrufbar.

Bibliographic information published by the Deutsche Nationalbibliothek: The Deutsche Nationalbibliothek lists this publication in the Deutsche Nationalbibliografie; detailed bibliographic data are available in the Internet at http://dnb.d-nb.de.

Coverbild / Cover image: www.ingimage.com

Verlag / Publisher:
Fromm Verlag
ist ein Imprint der / is a trademark of
OmniScriptum GmbH & Co. KG
Heinrich-Böcking-Str. 6-8, 66121 Saarbrücken, Deutschland / Germany
Email: info@frommverlag.de

Herstellung: siehe letzte Seite /
Printed at: see last page
ISBN: 978-3-8416-0559-7

Den schwerhörigen Menschen,

die mir ihre zum Teil

erschütternden Lebensgeschichten

anvertraut haben

Inhaltsverzeichnis

Vorwort

Dieses Buch hat Siegfried Karg "seinen" schwerhörigen Patienten gewidmet, die sich ihm über die letzten Jahrzehnte anvertraut hatten. Sein Inhalt wird aber umso mehr diejenigen Personen ansprechen, die sich als Schwerhörige weiterhin durchs Leben kämpfen und auch alle jene, die sich in irgendeiner Form mit schwerhörigen Mitmenschen befassen dürfen. Als Schwerhörige(r) ist man nicht körperlich, nicht geistig aber doch "unsichtbar" behindert und auch mit besten apparativen Massnahmen sind die Patienten weiterhin auf die Rücksichtnahme der Umgebung angewiesen.

Wie kommt nun ein gut-hörender Theologe dazu, sich mit technischen Finessen der Hörrehabilitation zu beschäftigen? Wer Siegfried Karg kennt – und für diejenigen, die ihn noch nicht kennen, bietet dieses Buch die beste Gelegenheit dazu – weiss, dass er durch seine Pfarreitätigkeit mit vielen Sorgen seiner Mitmenschen konfrontiert wurde und es ihm keine Ruhe lässt, bis er eine Lösung oder einen Lösungsweg gefunden hat. Für einen Pfarrer ist es umso wichtiger, dass ihn seine Gemeinschaft nicht nur hören, sondern auch verstehen kann. Was ist also naheliegender, als eine einfache, zweckmässige und überall einsetzbare, kaum Energie verbrauchende Höranlage zu verwenden? Die Technologie dazu wurde bereits in den 50iger Jahren des letzten Jahrhunderts erfunden, deren Verbreitung muss jedoch weiterhin viele Hürden überwinden: Die Induktionstechnologie in indukTiven Höranlagen (T steht für die T-Stellung an Hörgeräten).

Im Bereich der Ohrchirurgie war die Entdeckung und Weiterentwicklung des Cochleaimplantates für hochgradig schwerhörige oder gehörlos geborene Patienten die wichtigste Innovation des letzten Jahrhunderts. Gleichzeitig hat die Entwicklung von implantierbaren Hörsystemen neue Möglichkeiten der Kombination von Operation und Implantat-Technologie ermöglicht und die Hörgeräteindustrie bringt mehrmals jährlich neue Hörgerätetypen mit verbesserter Funktionalität. Aber allen gemeinsam bleibt: der schwerhörige Mitmensch kann in "halliger" Umgebung und bei Störgeräuschen zwar hören, nicht jedoch ausreichend verstehen.

Siegfried Karg nennt das "magische Dreieck" des besseren Hörens die Trias aus Hörgerät (oder Implantat), Lippenablesen und der indukTiven Höranlage. Mit vielen anschaulichen Beispielen und der typisch "Karg'schen" Bildsprache gelingt es ihm, seine Leser vom Einsatz und Nutzen einer in öffentlichen Räumen einsetzbaren indukTiven Höranlage zu überzeugen, ja zu begeistern. Von der "Alinghi-Spule" bis zum Dornröschen reichen seine Analogien. Selbst die wohl eher trockene UN-Behindertenrechtskonvention 2014 und ein Seitenhieb auf die Verwendung der Kirchensteuer lassen den Leser nicht unberührt.

Dank vielen praktischen Tipps an die Adresse der "behandelten Schwerhörigen" und mit zahlreichen Ermahnungen an Architekten, Kongressorganisatoren, Hörgerätehersteller, HNO-Ärzte und Schwerhörigenvereine wird dieses Buch zur spannenden und nachdenklichen Lektüre. Am Ende des Buches soll es dem Leser ergehen wie der 96jährigen schwerhörigen Frau mit Hörgerät auf T-Stellung in der Kirche von Siegfried Karg: "... heute habe ich jedes Wort verstanden!"

Prof. Dr. med. Thomas Linder
Chefarzt
Klinik für Hals-, Nasen-, Ohren- und Gesichtschirurgie
Luzerner Kantonsspital

Luzern / Schweiz, 9. November 2014

1 **Wer Ohren hat, der** würde gerne **hören**

Der Buchtitel „**Wer Ohren hat, der** würde gerne **hören**“ ist eine Anspielung auf das Jesuswort im sogenannten Sämanns-Gleichnis in Markus 4,9: „Wer Ohren hat zum Hören, der höre.“[1]

Hörprobleme kommen mit Ausnahme der Geschichte von der Heilung des „Taubstummen“[2] in der Bibel explizit noch nicht vor. Zwar wird in der Bibel vom „schwer hören“ gesprochen, aber nur im übertragenen Sinn. So heisst es in Matthäus 13,15: „Denn das Herz dieses Volkes ist verstockt: **ihre Ohren hören schwer** (Hervorhebung vom Verfasser), und ihre Augen sind geschlossen, damit sie nicht etwa mit den Augen sehen und mit den Ohren hören und mit dem Herzen verstehen und sich bekehren, und ich ihnen helfe.“

Schwerhörigkeit als Leiden, dass man gerne hören würde, es aber nicht kann, wurde in der Bibel explizit noch nicht behandelt.

Umso wichtiger scheint es mir aber heute, dass gerade bei Kirchenbehörden, Betreibern öffentlicher Gebäude, Verantwortlichen von Service-Schaltern usw. das Bewusstsein für die Anliegen schwerhöriger Menschen geschärft wird. Nur wenn sich das Bild schwerhöriger Menschen positiv in der Öffentlichkeit verändert, und alle zusammenarbeiten (einschliesslich der Hörsystem-Industrie, der Audiologen und Hörgeräteakustiker), wird sich langfristig etwas verändern.

Die Beiträge in diesem Buch sind „Mosaiksteine“ aus 26 Jahren. Es ist meine Hoffnung, dass sie in ihrer Gesamtheit ein konturenreiches Gesamtbild dessen ergeben, was Schwerhörigkeit bedeutet, und wie man das Los schwerhöriger Menschen verbessern kann.

Ein besonderes Augenmerk liegt dabei auf der Technik „IndukTive[3] Höranlagen“, eine schon lange bekannte Technologie, die aber meines Erachtens nach immer noch die einzige Technologie ist, die weltweit einsetzbar, herstellerunabhängig und zudem noch kostengünstig ist.

---

[1] In der englischen Bibel (King James Version) lautet dieser Vers: „He that hath ears to hear, let him hear“.

[2] Gegen alle Exegeten (Bibelausleger) würde ich behaupten, dass es sich bei dieser Geschichte nicht um einen „Gehörlosen“ (Taubstummen) handelt, sondern um einen Schwerhörigen. Siehe dazu meine Predigt zu Markus 7,31-37: Schwer hören erleichtern, in: Siegfried Karg, Dass du wieder jung wirst wie ein Adler, Saarbrücken 2011, S. 37-42.

[3] In meiner Broschüre „Wie hast du's mit der IndukTion?“ Die „Gretchenfrage“ bei der Anschaffung eines Hörgeräts. Orientierungshilfe für Konsumenten, Winterthur 1998, habe ich zum ersten Mal die Schreibweise „Induk**T**ion“ benutzt, um auf die Position „**T**“ (für **T**elefonspule) hinzuweisen. Diese Schreibweise ist inzwischen von einigen anderen übernommen worden.

Im Gespräch mit hörbehinderten Menschen während über 40 Jahren bin ich zur Erkenntnis gelangt, dass Hörgeräte und Cochlea Implantate eine grosse Hilfe für hörbehinderte Menschen sind. Deshalb sind auch technologische Fortschritte auf diesem Gebiet ein echter Segen.

Andererseits muss man ehrlich sagen, dass das Problem der Hörbehinderung ein so vielfältiges ist und von so vielen verschiedenen Faktoren abhängt (z.B. Raumakustik, klare Artikulation des Gegenübers, Benützung des Mikrofons bei Höranlagen), dass auch die modernsten digitalen Geräte aus Hörbehinderten keine Hörenden machen.

Die kanadische Computer-Wissenschaftlerin Beverly Biderman, die ich am Weltkongress der Schwerhörigen im Jahre 2000 in Sydney, Australien getroffen habe, hat dies auf den Punkt gebracht. Sie hat sich als Schwerhörige im mittleren Alter für ein Cochlea Implantat entschieden und bereut diesen Schritt keineswegs. In ihrem „Klassiker" über das Cochlea Implantat, gibt sie am Schluss aber ganz unumwunden zu: *„Mein Cochlea Implantat hat mein Leben einfacher gemacht, aber es hat mich nicht zu einer hörenden Person gemacht. Ich bin immer noch hörbehindert, und mein Leben ist deshalb komplizierter."*[4]

In diesem Buch geht es um Fragen wie psychische Auswirkungen von Schwerhörigkeit, Schwerhörigkeit und Demenz, die UN-Behindertenrechtskonvention, Predigten und praktische Tipps im Umgang mit Hörbehinderung in der Seelsorge, Raumakustik, indukTiver Drahtlosempfang mit dem Hörgerät und Cochlea Implantat, Bauen für Hörbehinderte, weltweites indukTives Hören.

---

[4] Beverly Biderman, Wired for Sound, Toronto 1998, p. 155: "My cochlear implant has made my life much easier, but it has not made me hearing. I am still hearing-impaired, and my life is more complicated for that reason."

2 Die unsichtbare Behinderung – sichtbar gemacht[5]

Vorbemerkung: Im Jahr 1996 habe ich als Präsident des Schwerhörigen-Vereins Winterthur (heute Pro Audito Winterthur. Verein für Menschen mit Hörproblemen), Schweiz zum ersten Mal am Weltkongress der Schwerhörigen in Graz, Österreich teilgenommen. Fasziniert hat mich dabei, wie eine junge schwerhörige Frau geradezu demonstrativ ihre Hörbehinderung gezeigt hat. Mir schien das ein gutes Beispiel zu sein, wie man mutig dazu beitragen kann, dass Schwerhörigkeit auch in der Öffentlichkeit wahrgenommen wird.

Um auch anderen Mut zu machen, habe ich damals den folgenden Text in der Zeitschrift „dezibel", welche vom Bund Schweizerischer Schwerhörigen-Vereine BSSV (jetzt pro audito schweiz. Organisation für Menschen mit Hörproblemen) herausgegeben wird, veröffentlicht.

Mit kurz geschnittenem Haar, königsblauen Hinter-dem-Ohr-Hörgerät, weinrot gefärbtem Ohrpassstück und einem silbernen Ohrring mit der Aufschrift „Out of Order" (Ausser Betrieb) kam die junge Sozialpädagogin Astrid Bruhns zum Weltkongress der Schwerhörigen im Jahre 1996 nach Graz, Österreich. Jede Person konnte sofort sehen, dass Frau Bruhns hörbehindert ist.

Für mich war dies ein positives Beispiel dafür, dass es möglich ist, öffentlich zu seiner Behinderung zu stehen und sie nicht zu verstecken. Das braucht aber ein enormes Selbstbewusstsein und entsprechend Mut in unserer heutigen Gesellschaft, welche die besonderen Bedürfnisse der Schwerhörigen immer noch weitgehend „übersieht".

Nach meiner Erfahrung im Umgang mit schwerhörenden Menschen haben viele von ihnen Mühe, offen zu ihrer Behinderung zu stehen. Deshalb „verstecken" einige ihre Hinter-dem-Ohr-Hörgeräte dezent unter der Frisur. Oder sie fallen auf die Werbung einzelner Hörgerätehersteller herein, die „fast unsichtbare" Im-Ohr-Hörgeräte anpreisen. Die absoluten Verkaufszahlen von winzigen Im-Ohr-Hörgeräten (bei denen dann meist aus Platzgründen eine T-Spule für induktives Hören fehlt!) gegenüber den leistungsstärkeren Hinter-dem-Ohr-Geräten zeigen, dass die Werbung anscheinend auf offene Ohren trifft. Dass der Absatz der Im-Ohr-Geräte in den letzten beiden Jahren am Stagnieren ist, sehe ich persönlich als ein positives Zeichen. Aber als (noch) Guthörender kann ich dies ja leicht sagen!

---

[5] In: dezibel. Zeitschrift für Hören und Erleben 3/1997, S. 4-7.

Grundsätzlich habe ich volles Verständnis dafür, dass man seine Behinderung am liebsten vor allen anderen verstecken möchte. Mir ist es nämlich in meiner Jugend ähnlich ergangen. Fünf Tage bevor ich mit der ersten Klasse des Gymnasiums beginnen sollte, hatte ich einen schweren Velo(Fahrrad)-Unfall und lag anschliessend mit doppeltem Schädelbruch und Gehirnerschütterung vier Wochen im Spital. Zum Glück ist mein „Dachschaden" damals wieder gut verheilt. Zurückgeblieben ist jedoch eine Anfälligkeit für Kopfschmerzen, wenn ich im Sommer starkem Sonnenschein ausgesetzt bin. Damit ich kein Kopfweh bekam, musste ich fortan auf ärztlichen Rat hin im Hochsommer (!) eine Mütze tragen.

Es ist bekannt, wie grausam pubertierende Jugendliche gegenüber ihren Kollegen, die von der „Norm" abweichen, sein können. Aber auch Erwachsene wussten nichts Besseres, als mich wegen meiner hochsommerlichen Mütze zu fragen, ob ich denn „Spatzen unter dem Hut" hätte. Wie froh wäre ich damals gewesen, wenn meine unsichtbare Behinderung (Kopfweh sieht man ja auch nicht) von den anderen ebenfalls nicht bemerkt worden wäre, denn mit meiner Mütze auf dem Kopf oder der Badekappe im Schwimmbad war meine „Behinderung" für jeden sichtbar und musste ständig erklärt werden.

Wäre doch damals schon wie heute das Tragen von Baseball-Mützen unter Jugendlichen „in" gewesen! So hätte ich mit einer „Atlanta Braves-Mütze" voll im Trend gelegen, und gleichzeitig wäre mein sonnenempfindlicher Kopf geschützt gewesen.

Ähnlich wie damals mir als Jugendlichem muss es vielen Schwerhörigen ergehen. Sie möchten ebenfalls nicht, dass man ihnen ihre „Behinderung" ansieht, zumal diese vielfach auch situativ bedingt ist (lärmige Umgebung, hallige Räume). Und doch glaube ich, dass es den Hörbehinderten langfristig nur nützt, wenn sie – wie Astrid Bruhns – ihre unsichtbare Behinderung in der Öffentlichkeit sichtbar machen. Ich halte die Tendenz der Hörgeräteindustrie, immer „unsichtbarere" Hörgeräte zu produzieren, letztlich als kontraproduktiv, auch wenn diese Geräte vom „Markt" verlangt werden. Denn selbst mit dem technisch ausgefeiltesten digitalen Hörcomputer sind schwerhörige Menschen darauf angewiesen, dass ihnen ihre normalhörenden Mitmenschen Rücksicht entgegenbringen, wenn sie sich mit ihnen unterhalten. Aber wie kann ich als Guthörender auf hörbehinderte Personen Rücksicht nehmen, wenn ich gar nicht weiss, dass sie Hörschwierigkeiten haben?

Wir sollten meines Erachtens darauf hinarbeiten, dass Hörgeräte von der Gesellschaft genauso selbstverständlich wie Brillen akzeptiert werden. Seit bekannte Filmschauspieler öffentlich Brillen tragen, verzeichnet die Optikerbranche einen Verkaufsboom. Jungmanager mit „Adleraugen“ lassen sich Brillen mit Fensterglas anfertigen, weil ihnen dies das heute gefragte intellektuelle Flair verleiht. Selbstverständlich darf es nur eine Designer-Brille sein.

Wann kommt das erste Designer-Hörgerät auf den Markt? Niemand käme dann auf die Idee, ein solches Gerät als „fast unsichtbar“ vermarkten zu wollen. Ohrpassstücke können mit Perlen oder Diamanten besetzt werden und so zum Schmuckstück werden. Wann wird das Hinter-dem-Ohr-Hörgerät als Werbeträger entdeckt, so wie man heute praktisch kein qualitativ hochstehendes T-Shirt mehr kaufen kann, ohne gleichzeitig für irgendeinen Textil-Weltkonzern Werbung zu machen.

Wecken Sie in der Öffentlichkeit Verständnis für die Hörbehinderung, indem Sie die Ihre sichtbar machen!

3 „Inductio jubilo, ich höre und bin froh.“[6]

Schwerhörige fordert eure Rechte ein!

Die Schwerhörigen selbst müssen offen zu ihrer Schwerhörigkeit stehen und sich lautstark wehren, wenn ihre Bedürfnisse etwa nach induktiven Höranlagen nicht berücksichtigt werden. Ebenfalls muss meines Erachtens die Hörgeräteindustrie ihre bisherige Werbestrategie komplett ändern. Wenn die Hörgerätehersteller „fast unsichtbare“ Hörgeräte anpreisen, dann fördern sie damit ungewollt die Stigmatisierung der Hörbehinderung. Etwas das ich verstecken muss, kann doch nichts Gutes sein. Hörgeräte sollten mit Stolz getragen werden können und von Stardesignern als Modeartikel entworfen werden.

Die dänische Hörgerätefirma Oticon wurde für ihr neuestes volldigitales Hörgerät DigiFocus mit dem Europäischen Design-Preis 1997 ausgezeichnet. In diese Richtung geht es meines Erachtens Richtung „Schlaraffenland für Schwerhörige“.

Wenn man die Werbung, die gegenwärtig immer noch von den meisten Hörgeräteherstellern betrieben wird, auf Automobile anwenden würde, dann käme ungefähr folgendes Werbeplakat für den neuen Porsche 911 heraus:

Der neue Porsche 911
- völlig unscheinbar im Aussehen
- fällt im Stadtverkehr kaum auf
- Ihre Nachbarn werden es nicht einmal wahrnehmen, dass Sie den neuen Porsche 911 fahren
- seit 34 Jahren das gleiche Design. Ihre Umwelt wird es kaum bemerken, dass Sie sich einen neuen fahrbaren Untersatz gekauft haben
- am besten fahren Sie den neuen Porsche 911 nur nachts, denn nachts sind auch silbergraue Porsches grau
Der neue Porsche 911, unauffällig, unscheinbar, fast unsichtbar.
Kommen Sie zur Probefahrt, wenn ihre Nachbarn schlafen. Ihr Porsche-Vertragshändler erwartet Sie.

[6] Vortrag am 20. November 1997 in der evangelischen Auferstehungskirche Wien, Österreich anlässlich der Einweihung einer neuen kombinierten Lautsprecher- und induktiven Höranlage für Schwerhörige (gekürzt).

Dass ein solches von mir bewusst ironisch gestaltetes Werbeplakat für den neuen Porsche 911 ein absolutes Fiasko wäre, leuchtet jedermann ein. Stellen Sie sich einen „fast unsichtbaren" Porsche 911 Turbo vor!

Ich lese Ihnen jetzt aus dem Originaltext von Porsche für den neuen Porsche Boxster[7] vor:

„Porsche fahren beginnt mit dem visuellen Erscheinungsbild. Der Boxster ist zunächst ein ästhetischer Genuss. Stilsicher. Stilbildend. Jenseits von Moden und Zeitströmungen."

„Die Netzhaut sagt „oha". Das war das erste Kapitel der Sinnlichkeit. Auch das zweite Kapitel hat wenig mit dem Papiergeraschel technischer Daten zu tun. Wenn Sie beim ersten Anlassen die Augen schliessen, was hören Sie? Ganz unzweifelhaft einen Porsche. Aber leiser. Aber Porsche. Dieses unverwechselbare Signal, so unverkennbar wie der Einsatz der Flügelhörner in der Leonoren-Ouvertüre (oder der Einsatz eines Tenorsaxophons auf dem Jazzfest in Montreux, so Ihnen das vertrauter ist). Aber dieser Ton – 1 Sekunde nach dem Anlassen -, und Sie wissen Bescheid. Jetzt haben Sie gerade mal eine Minute investiert und wissen schon sehr viel: Einerseits ist alles anders. Andererseits ist alles, wie es bei Porsche immer war. Manchmal nur ein bisschen mehr." (Porsche, Der Boxster, S. 27).

So tönt die Original-Porsche-Werbung. Aber so wie die von mir in einer Fotomontage bewusst karikierte Porsche-Werbung wirbt die Hörgeräteindustrie immer noch für Hörgeräte. Ich zitiere direkt aus einigen Hörgeräteprospekten: „Das **kleinste** Hinter-dem-Ohr Hörgerät". "Praktische Fernbedienung für die **unauffällige** Steuerung von Komfortfunktionen" „Das **Unauffällige**. Das IO-Gerät. Auf **diskrete** Art ein effektiver kleiner Helfer." „Das **Fremdkörpergefühl** ist auf ein Minimum reduziert und lässt das Ohr weitgehend unbelastet und frei." „Durch kleinere Baugrössen sind diese Hörgeräte immer **unauffälliger** geworden." „Hörgeräte dieser Bauart sind nicht nur sehr **unauffällig**..." „Die Elegante. **Diskretion** geht ihr über alles. Sie ist für alles offen, was sie schmückt und attraktiv erscheinen lässt. Sie bevorzugt **ein fast unsichtbares** im-Ohr-Gerät wie das..." „Die Souveräne entscheidet sich für eine Hörhilfe, die ganz besonders praktisch und leicht bedienbar ist. Sie hat **keine Hemmungen, dass andere sehen könnten**, dass sie besser hören will, z.B. mit dem..." „Auf alle Fälle müssen Sie sich aber selbst helfen, indem Sie akzep-

[7] Tagtäglich fahre ich am Porsche-Zentrum Winterthur vorbei. Freundlicherweise wurde mir bei meinem bisher ersten und einzigen Besuch das Original-Werbematerial für meinen Wiener Vortrag zur Verfügung gestellt.

tieren, dass ein Hörgerät **etwas ganz Normales** ist und Sie nicht **ins Abseits** stellt..." (alle Hervorhebungen vom Verfasser).

Ich habe diese Aussagen nicht erfunden, sondern aus Hörgeräte-Werbeprospekten zitiert!

Hinzu kommt noch, dass die Hörgeräteindustrie winzig kleine Im-Ohr-Hörgeräte anbietet, bei denen dann oftmals der Platz für eine Induktionsspule[8] für den Induktiv-Empfang mit induktiven Höranlagen fehlt. Hier muss meines Erachtens ebenfalls ein Umdenken stattfinden. Denn solange Schwerhörige ihre Behinderung in der Öffentlichkeit verstecken müssen, sind sie auch bei öffentlichen Veranstaltungen benachteiligt.

Übrigens gibt es heute sogar volldigitale Im-Ohr-Geräte mit Induktionsspule / Telefonspule!

Die Grenzen des Hörgerätes in öffentlichen Gebäuden

Auch das beste Hörgerät kommt in grossen Räumen mit starkem Nachhall an seine Grenzen. Hier braucht es Höranlagen, deren Signal der Hörgeräteträger direkt auf dem eigenen Hörgerät (ohne störende Nebengeräusche und Nachhall) empfangen kann.

Ich kann aus Zeitgründen nicht auf die verschiedenen Systeme eingehen, bin aber der festen Überzeugung, dass das Prinzip des Induktivempfangs das Verfahren ist, das dem Schwerhörigen die grösstmögliche Autonomie gewährt, weil er von keinem anderen Menschen und von keinem Zusatzgerät abhängig ist.

Man baut für den Rollstuhlfahrer auch einen Lift oder eine Rollstuhlrampe, sodass er ohne fremde Hilfe das Gebäude befahren kann. Bei der induktiven Höranlage ist der Hörgeräteträger auch auf keine fremde Hilfe angewiesen.

Es kommt noch ein psychologisches Moment hinzu. Solange Schwerhörigkeit in unserer Gesellschaft noch als Stigma[9] angesehen wird, darf vom Schwer-

---

[8] An der Ersten Internationalen Konferenz über induktive Höranlagen 2009 in Winterthur, Schweiz hat mich die amerikanische Anwältin und Aktivistin für induktive Höranlagen Janice (Schacter) Lintz (Hearing Access Program) darauf hingewiesen, dass es heute sehr wohl technisch möglich sei, eine Induktionsspule auch in Im-Ohr-Hörgeräte einzubauen. Ihre hörbehinderte Tochter trägt solche von der Hörgeräte-Firma Starkey „custom made" hergestellte. Ich bedanke mich für diesen Hinweis.

[9] Siehe dazu jetzt den Beitrag von Mark Ross, Stigma and Hearing Loss, in: Hearing Loss Magazine, Vol. 31, No. 3, May/June 2010, pp. 22-24, sowie den Beitrag von Margaret Wallhagen, The Stigma of Hearing Loss, in: The Gerontologist Vol. 50, No. 1, 2010, pp. 66-75, und die Dissertation von Corinna Pelz, Das Stigma Schwerhörigkeit: empirische Studien und Ansätze zur Erhöhung der Akzeptanz von Hörgeräten, Heidelberg 2007.

hörigen nicht verlangt werden, dass er sich in öffentlichen Räumen „outet". Dies muss er, wenn er einen Kinnbügelhörer oder eine Induktionsschlinge zur induktiven Ankoppelung an den Infrarotempfang verlangen muss. Das Gleiche gilt für einen teuren FM-Empfänger, für den er noch als Pfand seinen Pass hinterlegen muss wie geschehen am Schwerhörigen-Weltkongress 1996 im Grazer Kongress.

Das Bayerische Fernsehen hat im Frühjahr 1997 drei Filme über induktive Höranlagen für Schwerhörige in Winterthur, Schweiz gedreht. Der im Herbst 1997 ausgestrahlten Sendung wurde von der Redaktion „Sehen statt Hören" der Titel gegeben: „Schweiz: Schlaraffenland für Schwerhörige? Induktionsanlagen sorgen für gutes Hören". Zum Glück hat das Fernsehen beim Wort Schlaraffenland das Fragezeichen nicht vergessen. Auch in der Schweiz leben wir nämlich hinsichtlich induktiver Höranlagen noch lange nicht im Schlaraffenland. Aber es sind sehr viele gute Ansätze da, und vielfach fehlt es nicht an gutem Willen sondern an der Information.

Ich möchte mit meinem Beitrag heute Abend bewirken, dass Österreich sich ebenfalls auf den Weg ins schwerhörigengerechte Schlaraffenland aufmacht, und dass wir uns bald wieder treffen werden, wenn wir uns durch den Berg der Bürokratie und oftmals auch des Unverständnisses und der Behindertenfeindlichkeit gemeinsam „durchgefressen" haben.

Ich träume davon, dass bis Weihnachten 2001 in allen österreichischen öffentlichen Gebäuden und Kirchen[10] induktive Höranlagen für Schwerhörige installiert sein werden, damit die Schwerhörigen dann in Anlehnung an ein bekanntes Weihnachtslied[11] singen können:

„Inductio jubilo, ich höre und bin froh."

[10] Der Verfasser hat an Pfingsten 1997 für den Schwerhörigenseelsorger Pfarrer Josef Hofstadler ein „Fachgutachten induktive Höranlage" verfasst, das dazu beigetragen hat, dass der Oberkirchenrat die finanziellen Mittel für die neue induktive Höranlage in der Auferstehungskirche Wien freigegeben hat.

[11] In dulci jubilo, nun singet und seid froh.

4 Jeder soll sehen, wie gut ich wieder höre!

Die Zukunft der Hörgeräteindustrie[12]

In einer Marktstudie aus den USA (zitiert in: Hörakustik 4/98) kommt Dr. Sergei Kochkin zum Schluss, dass nur 22% der Schwerhörigen ein Hörgerät tragen. Die Situation in anderen Ländern dürfte wahrscheinlich vergleichbar mit der in den USA sein. Wenn es der Hörgeräteindustrie gelingt, die restlichen 78% potentieller Kunden zu erreichen, dann wird sie die am schnellsten wachsende Industrie der Welt sein. Was könnte die Hörgeräteindustrie unternehmen, um ein grösseres Kundensegment zu erreichen?

Ich möchte vier Hauptempfehlungen abgeben:

1) Das sichtbare Hinter-dem-Ohr-Hörgerät ist der magische Schlüssel, welcher die Türen zu den Kunden öffnet, und nicht das "unsichtbare" CIC-Hörgerät, das äusserlich völlig unsichtbar im Gehörgang sitzt (CIC = completely-in-the-canal = komplett im Gehörgang).

Die Werbung für Im-Ohr-Hörgeräte (IO) und Kanal-Hörgeräte (CIC) verspricht "fast unsichtbare" Hörgeräte. Nach meiner Meinung ist dies der falsche Weg. Was ich verstecken muss, kann doch nichts Gutes sein! Deshalb sollten Hörgeräte wie Schmuck und Modeartikel getragen werden. Dies ist ein Grund, weshalb sie sichtbar und nicht "unsichtbar" sein sollten.

Vor Jahren sahen Brillen hässlich aus. Deshalb weigerten sich viele Menschen, eine Brille zu tragen oder sie liessen sich „unsichtbare" Kontaktlinsen anpassen. Heutzutage sind Brillen Modeartikel und alle berühmten Modedesigner führen elegante Brillen in ihrer Kollektion ("eyewear"). Schauspieler wie Michael Douglas oder Arnold Schwarzenegger tragen heute Brillen in ihren Filmen. Yuppies mit Adleraugen tragen Designer-Brillen mit Fensterglas, denn dies gibt ihnen den richtigen modischen Anstrich.

In gleicher Weise sollten Hörgeräte von berühmten Designern entworfen werden, sodass sich die Leute umdrehen und sagen: „O, was für ein hübsches Hörgerät haben Sie, ist es von Gucchi oder von Porsche Design entworfen worden?"

[12] Kurzvortrag (im Original auf Englisch) am internationalen Siemens Symposium „Die Zukunft der Hörgeräteindustrie" im Rahmen des internationalen Hörgeräteakustiker-Kongresses (UHA) am 7. Oktober 1998 in Köln, zu dem ich als „Kämpfer für die Rechte der Schwerhörigen" eingeladen worden war.

Ich bin kein Prophet, aber ich bin überzeugt, dass der Markt für unsichtbare Kanal-Hörgeräte nur so lange wachsen wird, bis die Menschen die vielen Nachteile der CIC-Hörgeräte gegenüber den Hinter-dem-Ohr-Hörgeräten erkannt haben. Auf die Länge werden CIC-Hörgeräte vom Markt verschwinden, und all das Geld, das in die kostspielige Entwicklung dieser „unsichtbaren“ Hörhilfen investiert wird, ist letztlich zum Fenster hinausgeworfenes Geld.

Aus dem gleichen Grund sollten meiner Meinung nach auch keine Hörgeräte aus „kosmetischen“ Gründen implantiert werden. Anders verhält es sich mit dem Cochlea Implantat, welches nach meiner Kenntnis gegenwärtig die einzige Möglichkeit darstellt, gehörlosen und spätertaubten Menschen zu helfen.

2) Nicht die schwerhörige Person ist behindert, sondern die Hörsituation ist behindernd. Die psychologische Barriere, welche Menschen gegen das Tragen von Hörgeräten haben, sollte durch eine breit angelegte Kampagne, welche die Öffentlichkeit auf die Hörbehinderung aufmerksam macht, überwunden werden.

Wenn es uns gelingt, die psychologische Barriere zu überwinden, welche Menschen gegenüber Hörgeräten haben, dann könnte der Umsatz der Hörgeräteindustrie enorm wachsen. Anstatt Millionen in die Miniaturisierung von Hörgeräten zu investieren, damit diese auch in den engsten Gehörgang passen, sollte die Hörgeräteindustrie eine breit angelegte Aufklärungskampagne starten, damit Hörgeräte in unserer Gesellschaft ähnlich wie Brillen akzeptiert werden.

Ich möchte ein Beispiel aus der Landwirtschaft anführen. Die Hörgeräteindustrie produziert hervorragenden Samen, aber sie hat noch nicht bemerkt, dass der Boden erst umgepflügt werden muss, bevor es wie im biblischen Sämanns-Gleichnis geschehen kann, dass “einiges auf gutes Land fällt, aufgeht und wächst und Frucht bringt.“ (Markus 4,8)

Hörgeräte-Werbung sollte sich nicht nur an die Person, welche eine Hörhilfe braucht, richten, sondern auch an deren Angehörige und an deren engsten Freundeskreis. Sie können der hörbehinderten Person helfen, den Hörverlust zu akzeptieren.

Die aus der Schweiz stammende amerikanische Ärztin Dr. Elisabeth Kübler Ross hat in ihrer Frühzeit ein psychologisches Modell entwickelt, das verschiedene Stufen des Sterbeprozesses beschreibt (On Death and Dying, 1969; deutsche Übersetzung: Interviews mit Sterbenden, 1971):

a) Nichtwahrhabenwollen und Isolation b) Zorn, Wut und Auflehnung gegen das Schicksal c) Feilschen mit dem Schicksal d) Depression e) Annahme des nahenden Todes.

Wenn es uns nicht gelingt, die schwerhörige Person bis zur Stufe der „Annahme des Hörverlustes" zu geleiten, dann kann die Hörgeräteindustrie die ausgefeiltesten Algorithmen (Steuerungsfunktionen der in die digitalen Hörgeräte eingebauten Micro-Chips) entwickeln, aber es wird ihr nicht gelingen, dieser Person ein Hörgerät zu verkaufen.

Es muss betont werden, dass die Hörsituation behindernd ist und nicht, dass die schwerhörige Person behindert ist. Ein Vergleich sei erlaubt. Beim Fenster putzen müssen wir eine Leiter benützen. Dann sagen wir auch nicht: „Wir sind so klein und behindert, dass wir für das Fenster putzen eine Leiter brauchen." Wir sagen: „Wir brauchen eine Leiter (= Hörgerät), weil das Fenster zu hoch ist." Die Hörsituation ist behindernd und deshalb brauchen wir eine „Hilfe", nicht die Person ist behindert. In einem schalltoten Raum[13] haben die meisten schwerhörigen Menschen keine Verstehensprobleme, aber sie haben in einer behindernden Situation wie einer Cocktail-Party Probleme.

Ärzte (und speziell Allgemeinpraktiker) sollten über die wirklichen Vorteile von Hörgeräten informiert werden, damit sie nicht Patienten mit gravierenden Hörproblemen sagen, sie bräuchten kein Hörgerät, denn das würde nur den Lärm noch verstärken. Wenn Ärzte Hörgeräte wie Betablocker (Arzneimittel für bestimmte Herzkrankheiten) „verschrieben", würde dies sicher helfen, den Graben zwischen dem Patienten und der Hörgeräteakustik-Fachperson zu überwinden.

Das Pflegepersonal von Spitälern, von Alters- und Pflegeheimen und der spitalexternen Krankenpflege sollte über den Umgang mit und die Pflege von Hörgeräten geschult werden.

3) Schwerhörigkeit beeinflusst die Kommunikation. Deshalb müssen wir in unserer Gesellschaft Kommunikationsregeln einführen, um den Nutzen von Hörgeräten zu erhöhen. Schwerhörigkeit muss sichtbar gemacht werden, denn das Hören ist für den Kommunikationsprozess mit anderen Menschen entscheidend. Selbst mit dem modernsten Hörcomputer ist die schwerhörige Person immer noch von der Rücksichtnahme anderer Menschen abhängig. Zum Beispiel müssen sie die schwerhörige Person direkt von vorne anreden

---

[13] Am Weltkongress der Schwerhörigen im Jahr 2000 in Sydney, Australien konnte ich die berühmten „National Acoustics Laboratories of Australia" in Sydney besuchen. Deren „schalltoter Raum" ist der ruhigste Ort auf der Welt (-10 dB).

und nicht von hinten, sie müssen deutlich artikulieren, ihren Schnauzbart so stutzen, dass Absehen von den Lippen möglich ist usw. Es ist leichter solche Verhaltensregeln gegenüber jemand einzuhalten, dessen Hörgerät sichtbar ist.

Von solchen Richtlinien für hörbehindertengerechte Kommunikation würden wir übrigens alle profitieren, nicht nur Menschen mit einem extremen Hörverlust.

4) Hörgeräte sollten „idiotensicher" sein, denn eine Hörhilfe, welche schlecht funktioniert, schadet der Meinung über Hörgeräte im Allgemeinen.

Nach meiner Erfahrung mit vielen schwerhörigen Menschen haben Hörgeräte auch deshalb einen schlechten Ruf, weil sie oft schlecht funktionieren. Hörgeräteakustik-Fachpersonen müssen sich mehr Zeit nehmen, ihre Kunden in den rechten Gebrauch des Hörgeräts einzuführen.

Wenn Autos die gleichen Probleme wie Hörgeräte hätten, würde die Automobilindustrie nicht solche Umsätze machen wie es gegenwärtig der Fall ist.

Gute und verlässliche Informationen sollten abgegeben werden. Bedienungsanleitungen mit grossen Bildern und grosser Schrift, die auch ohne Vergrösserungsglas gelesen werden können, sind wichtig. Die Kunden sollten nach einer gewissen Zeit zu einem „Ölwechsel" oder zu einem „Service" aufgeboten werden. Die Kundenzufriedenheit könnte durch direkten Kundenkontakt und durch eine „Ombudsstelle"[14], wo sich Leute beschweren können, wenn sie nicht zufrieden sind, erhöht werden. Unzufriedene Kunden sind der Tod des Hörgerätemarktes (Wir müssen die restlichen 78% erreichen!)

Und zum Schluss sei nicht vergessen, dass eine wirtschaftsethische Grundregel lautet: Lügen Sie ihre Kunden nicht an. Wenn ein Hörgeräte-Inserat verspricht „Hören wie früher" oder Ähnliches, dann ist dies ein unrealistisches Versprechen.

Wenn das Produkt qualitativ gut ist, einwandfrei funktioniert, leicht zu bedienen ist und zudem noch ästhetisch schön anzuschauen ist, dann gibt es für Millionen von Menschen keinen Grund mehr, darauf zu verzichten.[15]

---

[14] Inzwischen wurde in der Schweiz eine solche Ombudsstelle eingerichtet.

[15] In: dezibel. Zeitschrift für Hören und Erleben 1/1999, S. 7-11. Die englische Originalversion „See how well I can Hear!" wurde abgedruckt in: IFHOH Journal Vol. 20, No. 1, February 1999, pp. 10-13.

5 Wenn auch die Ohren an der Seele nagen.

Psychische Auswirkungen von Schwerhörigkeit[16]

Als mich Frau L. S. vom Schwerhörigen-Verein Herisau angefragt hat, zum Thema psychische Auswirkungen von Schwerhörigkeit zu sprechen, habe ich zunächst gestutzt. Bin ich die richtige Person für dieses Thema? Kann ich als selbst (noch) nicht Betroffener etwas beschreiben, das ich selbst gar nicht erlebt habe?

Wenn ich trotzdem zugesagt habe, mich in dieses heikle und schwierige Thema einzuarbeiten, so kann ich es nur als ein von aussen Betrachtender tun, der zwar etliche Jahre Erfahrung im Umgang mit schwerhörigen Menschen hat und in seiner Seelsorgetätigkeit in einem Pflegeheim mit 209 Betten tagtäglich mit den Problemen schwerhöriger Menschen konfrontiert wird.

Bevor ich das eigentliche Thema behandle, möchte ich zwei Unterscheidungen treffen, welche für das Verständnis ganz wichtig sind. Wenn ich anschliessend von schwerhörigen Menschen rede, dann unterteile ich diese in zwei Gruppen:

1. Menschen mit einer Schwerhörigkeit, welche nicht „behandelt" worden ist (ich nenne diese Gruppe der Einfachheit halber „Die unbehandelten Schwerhörigen")
2. Menschen mit einer Schwerhörigkeit, welche mit Hörgeräten „versorgt" sind, Ablesekurse besucht haben und über technische Hörhilfsmittel wie induktive Höranlagen usw. Bescheid wissen und sie nutzen (ich nenne diese Gruppe der Einfachheit halber „Die behandelten Schwerhörigen").

Diese Unterscheidung ist deshalb sehr wichtig, weil ich davon überzeugt bin, dass die „behandelten Schwerhörigen" viel weniger die negativen psychischen Auswirkungen von Schwerhörigkeit erfahren als die „unbehandelten Schwerhörigen".

Man darf es ruhig einmal sagen. Wer Hörgeräte trägt und in einem Schwerhörigen-Verein mitmacht, der trägt auch zur psychischen Stabilität von Menschen mit einer Hörbehinderung bei. Aktiv zur Schwerhörigkeit stehen kann auch etwas Therapeutisches beinhalten. Insofern haben die Schwerhörigen-

[16] Vortrag im Schwerhörigen-Verein Herisau, Schweiz am 15. März 2000 (gekürzt).

Vereine auch eine ganz wichtige psychosoziale Funktion[17] in unserer Gesellschaft und sollten viel mehr Beachtung finden als es bisher der Fall war.

Wenn man die Jahresberichte der einzelnen Vereine ansieht, dann sind viele Vereine bereits glücklich, wenn sie wenigsten so viele neue Mitglieder werben können, wie sie durch den Tod verlieren und so ihre Mitgliederzahl halten können. Aber die Mitgliederzahlen müssten eigentlich sprunghaft nach oben gehen, wenn man weiss, wie viele Menschen heute von Schwerhörigkeit betroffen sind. Aber das ist ein hartes Brot und auch wir im Schwerhörigen-Verein Winterthur können auch gerade unseren Mitgliederbestand halten. Da wollen wir uns gegenseitig nichts vormachen.

Das Verhältnis „behandelter“ und „unbehandelter“ Schwerhöriger

Wie ist das Zahlenverhältnis der „behandelten“ und „unbehandelten“ Schwerhörigen? Nach einer Untersuchung von Dr. Sergei Kochkin aus den USA, mit dem ich im Herbst 1998 am internationalen Siemens-Symposium in Köln war, sind nur 22% der Schwerhörigen mit Hörgeräten versorgt. 78% sind noch nicht versorgt. Dies sind eigentlich erschreckende Zahlen, wenn man weiss, welche psychischen Auswirkungen eine nicht behandelte Schwerhörigkeit haben kann. Es müsste eigentlich auch im Sinne der Reduktion der Kosten im Gesundheitswesen sein, dass diese 78% „behandelt“ werden, wollen die Krankenkassen nicht Folgekrankheiten unbehandelter Schwerhörigkeit wie Depressionen oder Angstzustände bis hin zum Verfolgungswahn mit teuren Therapien bezahlen müssen.

Aber leider sieht die Realität anders aus. Obwohl die Bevölkerung wahrscheinlich noch nie so gut über Hörschäden, Schwerhörigkeit und Hörgeräte informiert gewesen ist wie heute, stagniert der Verkauf von Hörgeräten. Dies ist eine Erscheinung, welche gegen jede Vernunft ist. Aber es ist leider Tatsache.

Am letztjährigen internationalen Hörgeräteakustiker-Kongress in Nürnberg hat dies der Vorsitzende der Union der Hörgeräteakustiker zumindest für die Bundesrepublik Deutschland bestätigt. Die absolute Zahl der verkauften Hörgeräte stagniert und die Zahl der Erstversorgungen ist sogar rückläufig. In der Schweiz dürfte die Situation ähnlich sein. Etwas absolut Unverständliches!

---

[17] Siehe dazu meinen Beitrag 6: Schwerhörigkeit und Demenz.

Wenn man weiss, wie der Verkauf von Mobiltelefonen (Natels[18]) sprunghaft ansteigt, so hat man zunächst keine Erklärung dafür, warum dies bei Hörgeräten nicht ebenfalls der Fall ist. Heutige Hörgeräte sind von ihrer Technologie her technisch viel raffinierter als Mobiltelefone. Deshalb müsste man eigentlich meinen, die unbehandelten Schwerhörigen müssten vor den Hörgeräteakustik-Fachgeschäften Schlange stehen, um ja eines der ersten neuen Hörgeräte zu bekommen (so wie das gegenwärtig mit sogenannten WAP-Handies der Fall ist, mit denen man Angaben aus dem Internet mit dem Mobiltelefon empfangen kann).

Aber die Situation sieht leider völlig anders aus. Wenn ich der Hörgeräteindustrie ein Rezept verkaufen könnte, wie dies zu bewerkstelligen wäre, dann wäre ich wahrscheinlich ein reicher Mann und hiesse nicht mehr „Karg“.

Dass der Verkauf von Hörgeräten nicht genauso „boomt“ wie der von Mobiltelefonen, hängt vermutlich auch mit den psychischen Auswirkungen unbehandelter Schwerhörigkeit zusammen. Noch immer ist Schwerhörigkeit ein Tabuthema und daran ändert auch die oftmals völlig übertriebene Werbung der Hörgeräteindustrie nichts. Ich bin sogar der Meinung, dass diese Art von Werbung der Hörgeräteindustrie letztlich mehr schadet als nützt, denn sie verspricht Dinge, die sie letztlich nicht einhalten kann.

Ich möchte ein Beispiel aus der Automobilindustrie benutzen. Rolls Royce sind bestimmt hervorragende Autos und sie sind der Traum vieler Autofahrer (ich selbst fahre nur einen Opel Astra!). Wenn nun in der Werbung gesagt würde: „Mit einem Rolls Royce können Sie fliegen!“, dann wäre dies masslos übertrieben und würde Rolls Royce Schadenersatzklagen in Milliardenhöhe einbringen, wenn jemand tatsächlich einer solchen Werbung Glauben schenken würde und mit seinem neuen Rolls Royce zu „fliegen“ versuchen würde. Der Rolls Royce ist sicher ein hervorragendes Auto, aber fliegen kann man nicht damit.

Übertragen auf die Hörgeräte-Werbung kommt es mir oft vor, die Hörgeräteindustrie würde damit Werbung machen, dass man mit ihrem Hörgerät „fliegen“ könne.

Und dann entscheidet sich ein unbehandelter Schwerhöriger endlich für ein solches Hörgerät und merkt dann, dass er im Bild gesprochen nicht damit

[18] Das in der Schweiz umgangssprachlich benützte Wort „Natel“ für Mobiltelefone ist ursprünglich eine Abkürzung für „Nationales Autotelefonnetz“.

„fliegen" kann. Er ist zu Recht enttäuscht und verdammt damit das Hörgerät als solches. Solche Negativerfahrungen schaden der Hörgeräteindustrie.

Ich habe hingegen noch nie jemand gehört, der darüber geklagt hätte, dass man mit einem Rolls Royce nicht fliegen könne.

Hörgeräte sind eine gute Hilfe. Aber man darf keine Wunder davon erwarten. Es braucht eine gute Anpassung und es braucht eine lange Gewöhnungszeit mit viel Geduld.

Ich kann mich noch gut daran erinnern, als ich vor Jahren eine neue Brille brauchte, weil sich mein Sehvermögen verschlechtert hatte. Die Gläser wurden von Jahr zu Jahr immer stärker und damit auch schwerer. Meine Nase ist auch nicht gerade ideal für eine Brille und die damaligen Hornbrillen konnten nicht so individuell angepasst werden. Es war jedes Mal für mich ein Horror, bis ich mich an die neue Brille gewöhnt hatte. Ständig musste ich die neue Brille wieder nach oben schieben. Vom ständigen Hin- und Her bewegen des Brillenbügels hinter dem Ohr war ich schon ganz wund geworden und die Druckstelle schmerzte immer mehr. Ich versuchte es, indem ich den einen Brillenbügel mit Pflaster umwickelte. Das sah zwar nicht sehr ästhetisch aus, aber wenigstens hatte ich keine Schmerzen mehr. Nach und nach gewöhnte ich mich dann an die neue Brille.

Der eigentliche Durchbruch kam erst, als mir ein Optiker in Zürich den Vorschlag machte, ein leichtes Metall-Brillengestell aus Titan zu nehmen und anstatt der schweren Glasgläser leichtere Plastik-Brillengläser zu benützen. Diesem Rat bin ich gefolgt und jetzt ist es kein Horror mehr für mich, wenn ich wieder stärkere Gläser brauche.

Ich habe Ihnen diese Geschichte erzählt, um Ihnen Mut zu machen, sich Hörgeräte zuzulegen und den mühsamen Angewöhnungsprozess bis zum Ende durchzustehen.

Ich habe eine Untersuchung gelesen, wonach es bis zu einem Jahr dauern kann, bis sich nach der Anpassung eines Hörgeräts das Ohr, der Hörnerv und das Gehirn völlig an die neue Situation gewöhnt haben. Es ist ähnlich wie mit einem Arm, der lange Zeit im Gips war. Die Muskeln sind erschlafft und es braucht lange physiotherapeutische Behandlung, bis diese Muskeln wieder voll aktiviert sind. Warum soll es bei den Ohren und beim Hörnerv anders sein?

Die Funktionen des Gehörs:

Ich beziehe mich hier auf den deutschen Psychologen Dr. Werner Richtberg, der auf diesem Gebiet wohl die bekannteste Kapazität im deutschsprachigen Raum ist.

1. Die Alarmierungsfunktion des Gehörs
„Je mehr ein Gehör schwindet, umso mehr verliert es auch seine Funktion zur akustischen Alarmierung vor schreckauslösenden Situationen. Häufiges Erschrecken und sich steigernde Schreckhaftigkeit treten als zwangsläufige Folgen auf. Dies ist eine Erfahrung, die kaum einem Schwerhörigen erspart bleibt. Der Zustand entspricht einem Gefühl wie ‚immer auf dem Sprung sein', niemals zur Ruhe kommen und ständig gegen Gefahren gewappnet sein. Mit anderen Worten: Schreckhaftigkeit bedingt eine ständig erhöhte Reaktionsbereitschaft, die in hohem Mass psychische und physische Kräfte bindet und damit Wege in vorzeitige Erschöpfung bahnt."[19]

2. Die Orientierungsfunktion des Gehörs
„Neben der Alarmierung leistet unser Gehör vielfältige, für die Lebensanpassung notwendige Orientierungsaufgaben, unter denen die lokale Geräuschortung (Richtungshören) eine herausragende Rolle spielt."[20] Blinde nützen diese Funktion des Gehörs, um sich zu orientieren, obwohl sie ja nichts sehen.

3. Die Kommunikations-Funktion des Gehörs
„Sprechenlernen setzt mehr noch als Spracherwerb ein funktionsfähiges Gehör voraus."[21] Daran zeigt sich, wie wichtig die frühzeitige Erkennung eines Hörschadens bei Kleinkindern[22] ist.

4. Die soziale und emotionale Wahrnehmungsfunktion des Gehörs
„GRILLPARZER hat einst das Ohr als ‚Auge des Gemüts' bezeichnet und damit eine psychologisch bedeutsame Funktion herausgehoben – die Wahrnehmung emotionaler und sozialer Botschaften. Vor allem im direkten zwischenmenschlichen Umgang kommt diesem beiläufigen Austausch von Stimmungen, Affekten oder sozialen Zweckbestimmungen des Verhaltens ei-

[19] Werner Richtberg, Was schwerhörig sein bedeutet, Grossburgwedel 1990, S. 19f.
[20] Ebd., S. 20.
[21] Ebd., S. 21.
[22] Am CI-Forum am 25. Oktober 2014 in Bern wurde erwähnt, dass es bisher aus Kostengründen in der Schweiz üblich sei, beim Neugeborenen-Screening nur ein Ohr zu untersuchen.

ne grosse Bedeutung zu, die nur selten unmittelbar reflektiert wird."[23]

Es hängt doch sehr vom Tonfall ab, wie ich etwas, das ich sage, tatsächlich meine. In den Bereich gehört auch die Ironie. Ironie besteht ja darin, dass ich das Gegenteil von dem sage, was ich meine. Durch den entsprechenden Tonfall oder durch ein Lächeln im Gesicht signalisiere ich meinem Gesprächspartner, dass ich das Gesagte ironisch gemeint habe.

Es gibt ja die Geschichte vom Hansli, der abends nach Hause kommt. Die Mutter hat sich schon Sorgen um ihn gemacht, weil sie nicht wusste, wo er war. Die Mutter fragt Hansli: „Aber wo warst du denn den ganzen Nachmittag?" „Ich war beim Kindergeburtstag bei Fritzli", antwortet Hansli. Darauf sagt die Mutter: „Aber du warst doch gar nicht eingeladen!" „Doch, doch", erwidert Hansli. Ich habe bei Fritzli an der Wohnungstüre geläutet und dann kam seine Mutter an die Tür und sagte: „Du hast uns gerade noch gefehlt!" Ein wunderschönes Beispiel für Ironie, die Hansli nicht verstanden hat.

„Wem die Sinnespforten für emotionale Beziehungsbotschaften nicht (mehr) uneingeschränkt offen stehen, dem fällt es im zwischenmenschlichen Bereich schwerer, sensibel für die Gefühle und Bedürfnisse anderer zu sein und sich in einem unausgesprochenen Konsens mit der Umwelt zu bewegen. Die Gefahr, mit dem eigenen Verhalten Unverständnis, Betroffenheit oder Anstoss zu erregen, erhöht sich zwangsläufig, wenn die eigene akustische Wahrnehmung mit dem Risiko des Missverständnisses belastet ist."[24]

5. Zur psychodiagnostischen Funktion des Hörens

„Alltagserfahrungen zeigen, dass menschliche Stimmen sympathisch oder unsympathisch, entschlossen oder unentschlossen, echt oder unecht, langweilig oder faszinierend, heiter oder traurig usw. klingen bzw. auf uns wirken können. Unbemerkt entwickeln wir aus solchen komplexen Eindrucksurteilen, die sich allein auf akustische Wahrnehmungsqualitäten gründen, weitreichende (Vor-)Urteile über Charakter, Temperament, Intelligenz oder auch latente Absichten des Gesprächspartners, die schliesslich als Einstellungen unser Verhalten gegenüber der betreffenden Person bestimmen."[25]

Psychische Auswirkungen von Schwerhörigkeit:

1. **Unsicherheit**. Dadurch dass vor allem der unbehandelte Schwerhörige

---

[23] Ebd.
[24] Ebd., S. 22.
[25] Ebd.

nicht mehr alles hört, wird er unsicher. Das Ohr ist ja eines unserer Warnorgane. Wir Guthörende hören, wenn ein Auto naht oder wenn jemand hinter uns läuft und seine Schritte immer mehr beschleunigt. Der unbehandelte Schwerhörige hört solche Signale nicht oder erst sehr spät und wird deshalb erschreckt.

Ich gehe viel mit unserem Dackel im Wald spazieren. Es ist dort ruhig und man hört nur das metallische Geräusch der Hundemarke, welche gegen den Karabinerhaken des Halsbandes schlägt. Es ist ein gleichmässiges Geräusch beim Spaziergang. Oftmals höre ich Jogger, die auf leisen Sohlen von hinten kommen, erst spät, und erschrecke ein wenig, besonders auch deshalb weil ich dann unseren Hund kurz an die Leine nehmen muss, weil er sonst auf die Jogger los rast und sie gehörig anbellt.

Ich kann mir vorstellen, dass „unbehandelte" Schwerhörige solche Situationen zur Genüge kennen.

Die Folge ist ein starkes Sicherheitsbedürfnis, das in Einzelfällen übertriebene Formen annehmen kann und sogar im Extremfall bis zum Verfolgungswahn gehen kann.

2. **Depressionen**. Wer nicht mehr gut hört, fühlt sich in einer Gesellschaft ausgeschlossen, weil er nur Bruchstücke versteht. So kann er dem Gespräch nicht folgen und zieht sich notgedrungenermassen in sein Schneckenhaus[26] zurück. Die Folge können schwere Depressionen sein.

3. **Übersteigertes Misstrauen**. Beim Gespräch in einer Gruppe hat der unbehandelte Schwerhörige oftmals das Gefühl, es würde über ihn geredet, weil er ja nur Teile des Gesprächs versteht. Das kann zu grossem Misstrauen führen und das Verhältnis zu den anderen Gesprächspartnern, die es keineswegs böse meinen, sehr vergiften. Oftmals versucht der unbehandelte Schwerhörige sich am Gespräch zu beteiligen, versteht etwas falsch, und gibt dann eine völlig falsche Antwort. Der Rest der Gesprächsrunde quittiert dies mit schallendem Gelächter. Wie man sich in einer solchen Situation fühlt,

[26] So schreibt „Frau K. Neunundsechzigjährig, von Kind an schwerhörig. ... Damals fehlte es fast allgemein an Verständnis und Hilfe für Kinder, die von Geburt an schwerhörig waren. Diese Behinderung führte oft zur Zurücksetzung im Zusammenleben, Verkennung der geistigen Fähigkeiten, weil Nicht-Verstehen mit Nicht-Kapieren gleichgesetzt wurde. Das warf dunkle Schatten auf mein Selbstwertgefühl, gemildert durch eine vermutlich robuste Psyche und ein aufgewecktes Naturell." Nichtbehinderte Behinderte. Behinderte Menschen in Kirche und Gesellschaft, hrsg. von der Katholischen Behindertenseelsorge des Kantons Zürich, Erich Jermann, Zürich 1988, S. 106.

brauche ich nicht näher zu beschreiben.

4. **„Der Alleinunterhalter"**. Die Schwester eines berühmten zeitgenössischen Schweizer Schriftstellers erzählte mir, dass ihr Vater vermutlich im Alter auch schwerhörig gewesen sei. Ihr Vater sei ein bekannter Politiker gewesen. Wenn er im Alter – vermutlich litt er dann bereits an einer starken Schwerhörigkeit - an einer geselligen Veranstaltung teilgenommen hätte, hätte er ständig selbst das Wort geführt und wäre eigentlich zum Alleinunterhalter geworden. Erst Jahre später wurde der Tochter bewusst, dass dieses eigentlich für ihn ungewöhnliche Verhalten vermutlich die Folge seiner Schwerhörigkeit war. So lange *er* redete, musste er anderen nicht zuhören, und lief auch nicht Gefahr, etwas falsch oder überhaupt nicht zu verstehen.

Eine schlimme Folge einer unerkannten und unbehandelten Schwerhörigkeit. So isoliert man sich notgedrungenermassen auch von anderen.

5. **Selbstmordgedanken**. Ich habe keine statistischen Zahlen, aber ich habe den Eindruck, dass der Anteil der Personen, welche Selbstmordgedanken hegen und auch zur Tat schreiten, bei unbehandelten Schwerhörigen höher ist als an der übrigen Bevölkerung[27].

Ich möchte Ihnen dazu ein berühmtes Beispiel aus dem vorletzten Jahrhundert aufzeigen. Der Komponist Ludwig van Beethoven war schwerhörig und ertaubte schliesslich. Er hat seine Schwerhörigkeit immer nach aussen hin versteckt. Er selbst ist daran fast zugrunde gegangen und in seinem berühmten Heiligenstädter Testament (1802) gibt er offen zu, dass er etliche Male den Gedanken gehegt habe, sich das Leben zu nehmen.

Ich zitiere Ihnen einige Passagen von Beethoven: Beethoven schrieb bereits 1801, mit 31 Jahren (!), seinem Jugendfreund, dem Arzt Dr. Wegeler:

„...nur meine Ohren, die sausen und brausen Tag und Nacht fort. Ich kann sagen, ich bringe mein Leben elend zu, seit zwei Jahren fast meide ich alle Gesellschaften, weils mir nicht möglich ist den Leuten zu sagen: ich bin taub. Hätte ich irgend ein anderes Fach, so gings noch eher, aber in meinem Fache ist das ein schrecklicher Zustand; dabei meine Feinde, deren Zahl nicht geringe ist, was werden diese hiezu sagen! – Um dir einen Begriff von dieser wundersamen Taubheit zu geben, so sage ich Dir, dass ich mich im Theater

---

[27] Dies wurde mir im Sommer 2000 in einem Gespräch mit dem selbst schwerhörigen HNO-Facharzt, Dr. Harald Seidler, Präsident des Deutschen Schwerhörigen-Bundes (DSB) am Weltkongress der Schwerhörigen in Sydney / Australien bestätigt.

ganz dicht am Orchester anlehnen muss, um den Schauspieler zu verstehen. Die hohen Töne von Instrumenten, Singstimmen, wenn ich etwas weit weg bin, höre ich nicht; im Sprechen ist es zu verwundern, dass es Leute gibt, die es niemals merkten; da ich meistens Zerstreuungen hatte, so hält man es dafür. Manchmal auch hör ich den Redenden, der leise spricht, kaum, ja die Töne wohl, aber die Worte nicht; und doch sobald Jemand schreit, ist es mir unausstehlich. Was es nun werden wird, das weiss der liebe Himmel."[28]

Im Heiligenstädter Testament schreibt er ein Jahr später: *„Oh, ihr Menschen, die ihr mich für feindselig, störrisch oder misanthropisch haltet und erkläret, wie unrecht tut ihr mir; ihr wisst nicht die geheime Ursache von dem, was euch so scheinet. ...*

Mit dem feurigen, lebhaften Temperamente geboren, selbst empfänglich für die Zerstreuung der Gesellschaft, musste ich mich früh absondern, einsam mein Leben zubringen; wollte ich auch zuweilen mich einmal über alles das hinwegsetzen, oh, wie hart wurde ich durch die verdoppelte traurige Erfahrung meines schlechten Gehörs dann zurückgestossen; und doch war's mir noch nicht möglich, den Menschen zu sagen: Sprecht lauter, schreit, denn ich bin taub; ach wie wär' es möglich, dass ich dann die Schwäche eines Sinnes angeben sollte, der bei mir in einem vollkommeneren Grade als bei anderen sein sollte, einen Sinn, den ich einst in der grössten Vollkommenheit besass, in einer Vollkommenheit, wie ihn wenige von meinem Fache gewiss haben, noch gehabt haben.

Oh, ich kann es nicht, drum verzeiht, wenn ihr mich da zurückweichen sehen werdet, wo ich mich gerne unter euch mischte, doppelt weh tut mir mein Unglück, indem ich dabei verkannt werden muss; ... nahe ich mich einer Gesellschaft, so überfällt mich eine heisse Ängstlichkeit, indem ich befürchte, in Gefahr gesetzt zu werden, meinen Zustand merken zu lassen.

So war es denn auch dieses halbe Jahr, das ich auf dem Lande zubrachte; von meinem vernünftigen Arzte aufgefordert, so viel als möglich mein Gehör zu schonen, kam es fast meiner jetzigen natürlichen Disposition entgegen, obschon, vom Triebe zur Gesellschaft manchmal hingerissen, ich mich dazu verleiten liess. Aber welche Demütigung, wenn jemand neben mir stand und von weitem eine Flöte hörte und ich nichts hörte oder jemand den Hirten singen hörte und ich auch nichts hörte; ***solche Ereignisse brachten mich nahe an Verzweiflung, es fehlte wenig, und ich endigte selbst mein Leben*** *(Hervorhebung vom Verfasser). ... Oh Menschen, wenn ihr einst dieses leset,*

[28] Zit. nach: Ursula Bircher-Müller, Der schwerhörige Patient, München 1997, S. 9.

so denkt, dass ihr mir unrecht getan,...“[29]

Dieses historische Beispiel eines heute weltberühmten Komponisten müsste uns hellhörig machen, um alles zu tun, dass unbehandelte Schwerhörige „behandelt“, das heisst mit Hörgeräten versorgt werden und ihnen bei der Kommunikations-Rehabilitation Hilfe geleistet wird. Hier ist der gesellige Aspekt, der von den Schwerhörigen-Vereinen angeboten wird, nicht zu unterschätzen. Zudem sind spezialisierte Beratungsstellen wichtig. Auch die vom Bund Schweizerischer Schwerhörigen-Vereine (BSSV[30]) geplante Ombudsstelle für Menschen mit Hörproblemen ist hier ein Schritt in die richtige Richtung.

Therapiemöglichkeiten:

1. Eine kompetente, einfühlsame Hörgeräteanpassung.
2. Aufmunterung während der Angewöhnungsphase durch andere behandelte Schwerhörige (Schwerhörigen-Verein!)
3. Beratung durch Fachpersonen bei speziellen Problemen (Beratungsstellen der Schwerhörigen-Vereine, z.B. St. Gallen)
4. Besuch von Kursen für Verständigungstraining (Ablesekurse), welche von den Schwerhörigen-Vereinen angeboten werden und von diplomierten Schwerhörigenlehrerinnen SLV[31] erteilt werden.
5. Einführungskurs in technische Hörhilfsmittel wie indukTive Höranlagen in öffentlichen Räumen, im Wohnzimmer (Radio, Fernsehen), Spezialtelefone mit IndukTionsverstärker, welche in schwierigen Hörsituationen zusätzlich unbedingt notwendig sind.

Das „magische Dreieck“ besseren Hörens
besteht meines Erachtens aus:
1. Hörgerät
2. Absehen von den Lippen
3. IndukTives Hören

[29] Zit. nach: Werner Richtberg, Was schwerhörig sein bedeutet, Grossburgwedel 1990, S. 30.
[30] Jetzt: pro audito schweiz, Organisation für Menschen mit Hörproblemen
[31] Jetzt: Diplomierte Audioagoginnen

6 Schwerhörigkeit und Demenz

Leider wird dem Thema Schwerhörigkeit in der Öffentlichkeit immer noch viel zu wenig Beachtung geschenkt (ausser dass man Witze darüber macht).

Grosses Aufsehen weltweit erregte hingegen die Langzeitstudie aus den USA, die eine Korrelation zwischen Schwerhörigkeit und Demenz herausfand, eine Feststellung, die gerade im Hinblick auf die zahlenmässig immer grösser werdende Alters-Gesellschaft (baby-boomer-Generation) für die Sozial- und Gesundheitspolitik mit erschreckenden Folgen verbunden sein wird[32].

Hier ist vor allem der amerikanische Ohrenarzt und Altersforscher Professor Frank R. Lin, M.D, Ph.D. von der Johns Hopkins Universität in Baltimore, Maryland mit der „Baltimore Longitudinal Study of Aging" zu nennen[33], an der 639 Personen im Alter von 36 bis 90 Jahren teilgenommen haben.

Lin folgert aus der Studie: „Schwerhörigkeit ist unabhängig korreliert mit dem Auftreten von Demenz aller Art. Ob Schwerhörigkeit nur ein mögliches Warnsignal für Demenz im Frühstadium ist, oder auch ein modifizierbarer Risikofaktor für Demenz, bedarf weiterer Studien."

Dass Schwerhörigkeit mit einem kognitiven Abbau bei älteren Menschen verbunden ist, haben Frank Lin und sein Team in einer weiteren Studie bestätigt[34].

---

[32] Vergleiche dazu meinen Beitrag „Und wer bist du?" Wie Begegnung mit demenzkranken Menschen gelingen kann (ethische und seelsorgerliche Aspekte), in: Siegfried Karg, Dass du wieder jung wirst wie ein Adler, Saarbrücken 2011, S. 136-153.

[33] Frank R. Lin, E. Jeffrey Metter, Richard J. O'Brien, Susan M. Resnick, Alan B. Zonderman, Luigi Ferucci, Hearing Loss and Incident Dementia, in: Archives of Neurology February 14, 2011, Vol. 68, No. 2, pp. 214-220.

"Hearing loss is independently associated with incident all-cause dementia. Whether hearing loss is a marker for early-stage dementia or is actually a modifiable risk factor for dementia deserves further study." Lin et al. zeigen die gravierenden Folgen auf: "The prevalence of dementia is projected to double every 20 years such that by 2050, more than 100 million people or nearly 1 in 85 persons will be affected worldwide. The devastating impact of dementia on affected individuals and the burden imposed on their families and society has made the prevention and treatment of dementia a public health priority. Interventions that could merely delay the onset of dementia by 1 year would lead to a more than 10% decrease in the global prevalence of dementia in 2050. Unfortunately, there are no known interventions that currently have such effectiveness."

[34] Frank R. Lin, Kristine Yaffe, Jin Xia, Qian-Li Xue, Tamara B. Harris, Elizabeth Purchase-Helzner, Suzanne Satterfield, Hilsa N. Ayonayon, Luigi Ferucci, Eleanor M. Simonsick, Hearing Loss and Cognitive Decline Among Older Adults, in: JAMA Internal Medicine February 25, 2013; 173(4): 10.1001.

Es wäre interessant, wenn Frank Lin meine im Herisauer Vortrag von 2000 (Nr. 5: Wenn auch die Ohren an der Seele nagen) etwas blauäugig gemachten Vermutungen empirisch bestätigen könn-

Frank Lin geht auch auf ganz konkrete Probleme ein, welche das Leben schwerhöriger Menschen erleichtern können[35]. Angemessene Beratung, Hörtraining und adäquat angepasste Hörgeräte allein genügen nach Lin aber nicht[36]. Deshalb setzt er sich für IndukTive Höranlagen (hearing loop induction systems) ein.

Schwerhörigkeit als „Pseudo-Demenz"

Wichtig erscheint mir aber die Erfahrung, die ich während 16 Jahren als Seelsorger in einem Pflegeheim mit Demenz-Abteilung gemacht habe, dass Schwerhörigkeit auch fälschlicherweise als „Pseudo-Demenz" diagnostiziert werden kann.[37]

Auf diese mögliche Falschdiagnose weist auch die amerikanische Krankenschwester und Gesundheits- und Alzheimerexpertin Michael[38] Ann Bower hin[39]. Es ist gang und gäbe, dass alten Menschen ein bekannter Test vorgelegt wird, der sogenannte „Mini-Mental State Exam" (MMSE), um deren kognitive Fähigkeiten auf einfache Weise zu überprüfen.

Hier zeigt nun Michael Ann Bower das Problem schwerhöriger Menschen auf: „Während der Test ein sehr legitimes diagnostisches Instrument darstellt, verursacht der MMSE für schwerhörige Menschen das Problem, dass der Test darauf beruht, dass die Person in der Lage ist, die Fragen und die Anleitungen dazu zu hören." Und sie fährt fort: „Wenn eine Person nicht versteht, was gesagt worden ist, wird sie oder er einen sehr niedrigen Wert erreichen.

---

te: „Man darf es ruhig einmal sagen. Wer Hörgeräte trägt und in einem Schwerhörigen-Verein mitmacht, der trägt auch zur psychischen Stabilität von Menschen mit einer Hörbehinderung bei. Aktiv zur Schwerhörigkeit stehen kann auch etwas Therapeutisches beinhalten. Insofern haben die Schwerhörigen-Vereine auch eine ganz wichtige psychosoziale Funktion in unserer Gesellschaft und sollten viel mehr Beachtung finden als es bisher der Fall war."

[35] Für seinen Einsatz wurde ihm an der Jahreskonferenz des amerikanischen Schwerhörigenverbands (Hearing Loss Association of America) am 26. Juni 2014 in Austin, Texas der „James B. Snow, Jr., M.D. Award" verliehen.

[36] Frank R. Lin, Hearing Loss in Older Adults - Who's Listening? In: JAMA March 21, 2012: 307(11): S. 1147-1148: "The most advanced hearing aids will still preferentially amplify whichever sounds are loudest and closest – useful in some situation but disadvantageous in many others, particularly where people gather and a multi-talker, echo-filled environment is created (e.g. listening to a minister in a church or to overhead announcements in an airport). Hearing loop induction systems in which a thin wire fitted to a room's perimeter transmits amplified sounds directly to hearing aids are inexpensive, broadly scalable, and accessible."

[37] Vgl. dazu den Abschnitt „Schwerhörigkeit als Pseudo-Demenz" in: Siegfried Karg, Dass du wieder jung wirst wie ein Adler, Saarbrücken 2011, S. 141-143.

[38] Der Frauenname „Michael" ist korrekt geschrieben. Ich habe Frau Bower an der Jahrestagung des amerikanischen Schwerhörigenverbands 2011 in Washington D.C. getroffen.

[39] Michael Ann Bower, Hearing Loss and Dementia, in. Hearing Loss Magazine Vol. 33, No. 1, January/February 2012, pp. 38-39.

Niedrige Werte zeigen aber das Vorhandensein von Demenz bei Menschen mit intaktem Gehör an.“[40]

Zwei zentrale Fragen werden uns meines Erachtens in den kommenden Jahren beschäftigen: 1. Zeigt sich beim gehäuften Auftreten (Korrelation) von Demenz bei Schwerhörigkeit, wie es Frank Lin aufgezeigt hat, ein Kausalzusammenhang? 2. Wenn dies der Fall wäre, kann man diesen Prozess durch Hörhilfen verlangsamen oder aufhalten?

Diese Fragen sind gemäss Lin noch nicht beantwortet und benötigen weitere Langzeitstudien, deren Ergebnisse nicht vor 2020 vorliegen werden[41].

Angeblich hat eine französische Studie, die im Frühjahr 2015 erscheinen soll, die zweite Frage bereits positiv beantwortet.[42]

---

[40] Ebd., S. 38.
[41] So Frank Lin im Webinar „Hearing Loss in Older Adults: A Public Health Perspective“ (May 9, 2014) des Ida-Instituts. http://idainstitute.com/
[42] Diesen Hinweis verdanke ich dem katholischen Schwerhörigenseelsorger Pastoralreferent Michael Geisberger (Bistum Augsburg), der mir eine Pressemeldung des 17. European Health Forum Gastein, 1.-3. Oktober 2014 zu dieser Thematik geschickt hat. Dort heisst es: „Eine neue französische Studie, deren Veröffentlichung für 2015 geplant ist, soll nicht nur die Korrelation zwischen Hörverlust und Demenz bestätigen, sondern erstmals auch Hinweise darauf geben, dass Hörgeräte den kognitiven Abbau bremsen.“

7 Schwerhörigkeit und Pflege

Vorbemerkung: Da ich während 16 Jahren als Seelsorger in einem Pflegeheim mit Demenzabteilung gearbeitet habe, hat es mich natürlich interessiert, wie das Thema Schwerhörigkeit und IndukTive Höranlagen in der Pflegeliteratur behandelt wird.

Ich bin auf zwei Monographien gestossen, welche den „schwerhörigen Patienten" explizit zum Thema haben[43]. Induktionsanlagen werden dort angesprochen und es fehlt auch nicht der Hinweis, dass das Hörgerät beim Induktivempfang auf „T" umgestellt werden muss[44].

In den Pflegetechniken von A-Z[45] wird zwar im Abschnitt „Umgang mit dem Hörgerät" ein Hörgerät abgebildet und dort auch auf den „Schalter für Mikrofon- / Telefoneinstellung" hingewiesen. Ein Hinweis, dass die Stellung „T = Telefon" zusätzlich für den drahtlosen Empfang bei einer IndukTiven Höranlage (Ringschleife) benutzt werden kann und nicht nur beim Telefonieren, fehlt hingegen[46].

Im Buch Geriatrie für Hausärzte schreibt der Berner Audiologieprofessor Martin Kompis über „Hörstörungen"[47]. Auch er erwähnt explizit die doppelte Bedeutung der Telefonspule[48].

---

[43] Ursula Bircher-Müller, Der schwerhörige Patient, München 1997 und Maryanne Becker, Der schwerhörige Patient. Ein Leitfaden für Arztpraxis, Klinik und Pflege, Frankfurt am Main 2011.

[44] „Für den Empfangsbereich empfiehlt sich der Einsatz eines mobilen Ringschleifensystems, das die Sprache induktiv an das Hörsystem des schwerhörigen Patienten sendet ... Damit versteht der Hörgeschädigte – auch im Störgeräusch – besser. Das Gerät muss deutlich sichtbar platziert werden, damit der schwerhörige Patient ggf. sein Hörgerät auf ‚T' stellen kann, um die Telefonspule in seinem Hörgerät zu aktivieren. Allerdings verfügen nicht alle Hörgeräte über diese Zusatztechnik." Maryanne Becker, ebd. S. 74.

[45] Olaf Kirschnick, Pflegetechniken von A-Z, 4. Auflage, Stuttgart. New York 2010.

[46] Diese Information wäre aber für die Pflegeperson gerade wichtig. "In der Regel kennt sich der Patient selbst am besten mit seinem Hörgerät aus. Der Umgang wird von der Pflegeperson z.B. bei Erkrankungen der Hände bzw. Arme oder bei Nachlassen der geistigen Leistungsfähigkeit des Patienten übernommen." Ebd., S. 238.

[47] Martin Kompis, Hörstörungen, in: Gabriela Stoppe / Eva Mann (Hrsg.): Geriatrie für Hausärzte, Bern 2009, S. 179-186.

[48] „Einige Geräte verfügen über eine so genannte *Telefonspule*. Wird diese anstelle des Mikrofons als Eingangsquelle gewählt, können neben dem erleichterten Telefonieren auch Induktionsanlagten, zum Beispiel in Kirchen und Vortragssälen benutzt werden, um das Gesprochene mit einem besseren Signal-Stör-Abstand zu empfangen. Für einige Hörgeräte sind Fernbedienungen verfügbar, die grosse Bedienungselemente am Hörgerät und den Griff hinter das Ohr unnötig machen, dafür aber vergessen oder verloren gehen können.
Hörgeräte verbessern das Hörvermögen und das Sprachverstehen, normalisieren es aber trotz aller Fortschritte nicht. Einschränkungen, beispielsweise beim Sprachverstehen im Störlärm, bleiben nachweisbar." Ebd., S. 184.

Im Buch Gesundheits- und Krankenpflege[49] wird zwar ein Hörgerät abgebildet, auf dem auch der Hinweis „Hörspule“[50] zu sehen ist. Was es aber mit der „Hörspule“ (= Telefonspule) auf sich hat, wird nicht weiter ausgeführt[51].

Im Buch Krankenpflegehilfe[52] werden sowohl die Telefonspule zum Telefonieren als auch die Verwendung der T-Spule bei IndukTiven Höranlagen erwähnt[53]. Auch der sinnvolle Eintrag der Schwerhörigkeit ins Dokumentationssystem[54] wird vorgeschlagen.

In der von Schwester Liliane Juchli begründeten und inzwischen über 1500 Seiten umfassenden “Pflege-Bibel“ Thiemes Pflege[55] findet sich auch in der 12. Auflage von 2012 nur ein recht bescheidener Hinweis auf das Hörgerät[56].

Der Bereich Schwerhörigkeit und Pflege ist sicher ein ganz wichtiges Forschungsgebiet der Pflegewissenschaft, das weiterer Forschungsprojekte und Publikationen bedarf.[57]

---

[49] Monika Reiter, Doris Kleiss, Petra Hochleitner, Michael Aiglesberger, Gesundheits- und Krankenpflege. Ein Lern- und Arbeitsbuch für Pfleghilfe und Sozialbetreuungsberufe, Wien 2012.

[50] Ebd., S. 172.

[51] Den folgenden Hinweis im Buch sollte man besser nicht befolgen, denn die Elektronik des Hörgeräts ist sehr „wasserscheu“: “Das Hörgerät sollte regelmässig mit Wasser gereinigt und gut getrocknet werden”. Ebd., S. 172. Wenn mit “Hörgerät” das sogenannte Ohrpassstück des Hinter-dem-Ohr-Hörgeräts gemeint ist, das zum Reinigen vom Hörgerät getrennt werden kann, dann schadet Wasser wohl kaum. Wichtig ist dann aber, dass das Ohrpassstück und der Schallschlauch gut getrocknet werden und dass auch im Schallschlauch keinerlei Wassertropfen zurückbleiben (mit Pumpe auspusten) dürfen, denn nur der kleinste Wassertropfen blockiert die Schallzufuhr. Besser ist hier der Rat von Maryanne Becker, ebd., S. 45: „Hörgeräte sind beim Duschen, Baden und Schwimmern abzulegen und dürfen nicht in Flüssigkeit gelegt werden.“

[52] Krankenpflegehilfe. Alle Fächer für Ausbildung und Praxis, hrsg. von Irmgard Frey, Leonore Lübke-Schmid, Walther Wenzel, 12., vollständig überarbeitete Auflage, Stuttgart. New York 2011.

[53] „Zum Telefonieren auf ‚T‘, sonst auf ‚M‘ einstellen. In Räumen (z.B. Kirche) mit einer Induktionsanlage (Ringleitung) kann durch die Geräteeinstellung ‚T‘ ein direkter Kontakt zum Redner hergestellt werden.“ Ebd., S. 421.

[54] „Es ist günstig, wenn die Schwerhörigkeit eines Patienten im Dokumentationssystem und am Patientenbett durch Kärtchen oder Klebesymbole hervorgehoben wird. Dies erspart den Betroffenen die ständige Darstellung ihrer Behinderung.“ Ebd.

[55] Thiemes Pflege. Das Lehrbuch für Pflegende in Ausbildung, hrsg. von Susanne Schwewior-Popp, Franz Sitzmann, Lothar Ullrich. Begründet von Liliane Juchli, 12. vollständig überarbeitete und erweiterte Auflage, Stuttgart. New York 2012.

[56] „Ein Hörgerät ist eine akustische Hörhilfe für Schwerhörige, die im Prinzip wie ein Schallverstärker funktioniert. Bei Schwerhörigkeit können dem Patienten Hörgeräte angepasst werden, die ihn dann wieder besser mitreden und soziale Kontakte knüpfen lassen können. Durch den Fortschritt der Technik und Elektronik können immer bessere und immer kleinere Hörgeräte gefertigt werden.“ Ebd. S. 1044. Es stellt sich die Frage, ob die Hörgerätehersteller im Jahr 2012 noch glücklich gewesen sind mit der Charakterisierung ihrer digitalen Hightec-Hör-Computer mit verschiedenen Frequenzbändern als „Schallverstärker“.

[57] Vermutlich liesse sich hier auch noch Etliches in der Zeitschriftenliteratur zur Pflege finden, die mir jedoch nicht zur Verfügung gestanden ist. Vielversprechend ist das Forschungsprojekt der Zürcher Hochschule für Angewandte Wissenschaften Winterthur, Departement Gesundheit, Institut für Pflege „Audiovisuelle Beeinträchtigungen im Alter“.

8 Ist Schwerhörigkeit vermeidbar oder Schicksal?

Schwerhörigkeit kann die verschiedensten Ursachen haben: Vererbung[58], Unfallfolgen (Schädelbruch), Ototoxische Medikamente[59], übermässige Lärmbelastung (vor allem Knalltraumata)[60], Alter[61], um nur die wichtigsten zu nennen.

Leider sind dies alles Risikofaktoren, welche Schwerhörigkeit trotz modernster Technologie nicht völlig ausrotten werden. Deshalb wird es auch in Zukunft wichtig sein, dass wir uns schwerhörenden Menschen zuwenden, und alles versuchen, ihr Schicksal zu erleichtern.

Es gilt aber alles daran zu setzen, dass durch Lärm verursachte Schwerhörigkeit etwa durch das Tragen eines Gehörschutzes vermieden wird. Hier hat etwa die Schweizerische Unfallversicherungsgesellschaft Suva hervorragende Aufklärungsarbeit geleistet[62].

Auch das Neugeborenen-Screening hinsichtlich möglicher Hörschäden ist hier ganz wichtig. Je früher bei einem starken Hörverlust ein Cochlea Implantat implantiert werden kann, umso grösser sind die späteren Chancen eines fast „normalen" Spracherwerbs beim Schulkind[63].

---

[58] Gerhard Hesse: Schwerhörigkeit kann "geerbt" sein, in: dezibel. Zeitschrift für Hören und Erleben 4/2006, S. 14-15.

[59] Ein langjähriges Mitglied unseres Vereins wurde als Kind mit dem damals gängigen Medikament Streptomycin behandelt. Erst später stellte sich heraus, dass dieses Medikament bei ihr Hörschäden zur Folge hatte. Ebenfalls ist bekannt, dass gewisse Krebsmedikamente als Nebenwirkung zu Hörschäden führen können. Vgl. dazu: Lexikon der Hörschäden, hrsg. von Peter Plath, Stuttgart 1995, S. 176f. Vgl. dazu auch: Su-Hua Sha and Jochen Schacht: Drug-Induced Hearing Loss: How It Can Be Prevented, in: Hearing Loss, Vol. 19, No. 3, May/June 1998, pp. 14-18.

[60] Man spricht hier auch von der sogenannten c^5-Senke. Während die übrigen Frequenzen weiterhin gut gehört werden, sind es die Frequenzen im Bereich des fünf gestrichenen C (in der Musik), die nicht mehr gehört werden. René Brunner / Ilse Nöldecke, Das Ohr, Stuttgart 1997, S. 78f.

Dass es nicht nur die übermässig laute Musik ist, wie sie von vielen Jugendlichen über längere Zeit gehört wird, die zu Hörschäden führen kann, sondern vor allem sogenannte Knalltraumata (Spielzeug-Pistolen, Silvester-Böller etc.) für bleibende Hörschäden verantwortlich gemacht werden können, darauf hat Prof. Dr. med. Eckhard Hoffmann in seiner Dissertation hingewiesen: Hörfähigkeit und Hörschäden junger Erwachsener unter Berücksichtigung der Lärmbelastung, Heidelberg 1997, S. 194. „Die Gefahr eines bleibenden Hörschadens durch ein Knalltrauma wurde ... unterschätzt." Ebenfalls zur Thematik: Eckhard Hoffmann, Gerald Fleischer, Reinhard Müller, Ralf Lang, Die Hörfähigkeit junger Erwachsener: Ist die Disco die Hauptursache aller Hörschäden? In: Audiologische Akustik Vol. 36, 2/1997, S. 80-91.

[61] Wir hören am besten im Alter von 10 Jahren. Danach lässt unsere Hörfähigkeit altersbedingt langsam nach.

[62] Beat W. Hohmann, Musik und Hörschäden. Informationen für alle, die Musik spielen oder hören, Luzern 2009.

[63] Yves Brand, Pascal Senn, Martin Kompis, Norbert Dillier, John HJ Allum, Cochlear implantation in children and adults in Switzerland, in: Swiss Medical Weekly. 2014;144:w13909.

9 Wir frieren lieber!

Tabuisierte Schwerhörigkeit[64]

“Mit dem Hörgerät auf Du. Dreiteiliger Informationskurs für Hörgeräte-Tragende, Angehörige und solche, die mehr darüber wissen möchten.” So konnte man es auf Zeitungsinseraten, Plakaten und auf Faltprospekten in Winterthur lesen. Mit diesem Kurs sollte Hilfestellung im Umgang mit der Schwerhörigkeit angeboten werden und ein Vorgeschmack auf die Kurse für Verständigungstraining gegeben werden.

Um es gleich vorweg zu sagen, der Kurs musste abgesagt werden. Es hatte sich nämlich nur eine neue Person dafür angemeldet. Die wenigen anderen Anmeldungen stammten von Mitgliedern des Schwerhörigen-Vereins, welche zum Teil seit Jahren regelmässig Absehkurse besuchen, und für die das Ganze nur Wiederholung gewesen wäre.

Woran mag es gelegen haben? Ich weiss es schlichtweg nicht. Wir haben den Kurs nicht am Abend angeboten, weil viele Schwerhörige sich bei Dunkelheit nicht mehr aus dem Haus getrauen. Wir haben den Samstag gewählt, damit auch Berufstätige nicht ausgeschlossen sind. Um 11 Uhr sollte der Kurs beendet sein, damit Hausfrauen noch das Mittagessen zubereiten können. Am Preis kann es auch nicht gelegen haben, denn 10 Franken für 6 Kursstunden, wären für jede Person erschwinglich gewesen. Das Bundesamt für Sozialversicherung hätte den Kurs ja subventioniert. Wir haben zweimal dreispaltig im offiziellen Publikationsorgan von Winterthur und Umgebung “Landboten” inseriert, im “Stadtblatt” und in den beiden Gratisanzeigern “Winterthurer Woche” und “Winterthurer Stadtanzeiger”. Wir haben mit dem “Weinländer” noch den Bezirk Andelfingen miteinbezogen und in einem Kombiinserat auch die “Thurgauer Zeitung”. Wir haben die Hörgeräteakustik-Fachgeschäfte, die Ohrenärzte, die Heime und die Spitex-Dienste mit ansprechend gestalteten Prospekten versorgt, in Apotheken und einer Buchhandlung die Faltprospekte aufgelegt. Resultat: Eine Person, welche nicht bereits unserem Verein angehört.

Im Gespräch mit Angehörigen erfahre ich immer wieder, welche Mühe manche im Umgang mit ihrem Hörgerät haben. Spreche ich das Thema Schwerhörigkeit an, so taucht in der Erinnerung irgendwo in der Verwandtschaft oder im Bekanntenkreis eine Person mit Hörschwierigkeiten auf. Schwerhörige Menschen gibt es also tatsächlich! Warum erreichen wir sie mit unserem

[64] In: dezibel. Zeitschrift für Hören und Erleben, 12/1999, S. 27-28.

Kursangebot nicht? An dem Argument, man wolle keinem Verein beitreten, kann es wohl auch nicht liegen, denn im Prospekt stand klar und deutlich: "Der Kurs verpflichtet nicht zur Mitgliedschaft im Schwerhörigen-Verein."

Durch die Medien und auch durch die Hörgerätewerbung ist man über Schwerhörigkeit heute besser informiert als noch vor einigen Jahren. Aber hat das zur Folge, dass Schwerhörigkeit immer mehr tabuisiert wird?[65]

Manchmal habe ich den Eindruck, dass wir als Schwerhörigen-Verein – um ein Bild als Vergleich zu benutzen – Wolldecken anbieten, aber die Leute sagen: "Wir frieren lieber!"

[65] Daran scheint sich auch weltweit nichts geändert zu haben. Manfred Stoifl erwähnt all die Vorteile des Hörgeräts, welche Sergei Kochkin in seiner Studie „The Impact of Hearing Aids on Quality of Life", welche vom US National Council on Aging durchgeführt wurde, klar gezeigt hat und schreibt dann etwas desillusioniert: „Despite this overwhelming evidence far less than 10 % of all hearing impaired (worlwide) are using Hearing Instruments." Manfred Stoifl: Why the Hearing Impaired do not Use Hearing Instruments, in: Jun-Ichi Suzuki, Takeo Kobayashi, Keijiro Koga, Hearing Impairment. An Invisible Disability. How You Can Live With a Hearing Impairment, Tokyo Berlin Heidelberg New York 2004, S. 202.

10 Vegi-Menü und Höranlage[66]

Wenn ich mich für einen Kurs oder für eine Veranstaltung anmelde, dann habe ich heute selbstverständlich die Möglichkeit, das Vegi-Menü anzukreuzen. Ich selber mache dies nicht, denn trotz BSE und Maul- und Klauenseuche habe ich Fleisch immer noch gern. Aber warum sollen andere Menschen, die lieber vegetarisch essen, dies nicht bei einer Tagung oder einer Delegiertenversammlung auch tun können? Das ist doch ein Gebot der Toleranz und des Anstands. Deshalb sollte meines Erachtens auf keinem Anmelde-Talon das Kästchen zum Ankreuzen für das Vegi-Menü fehlen.

Noch nie habe ich hingegen einen Anmelde-Talon gesehen, auf dem man ankreuzen konnte: „Ich benötige eine induktive Höranlage." Warum denken die Veranstalter von Erwachsenenbildungskursen und wissenschaftlichen Vorträgen nicht an so etwas? Wer Vegetarier ist, könnte vermutlich ohne bleibenden Schaden einmal aufs Fleisch-Menü verzichten, wenn die Küche keine vegetarische Alternative anbietet. Der Schwerhörige jedoch versteht nur einen Teil des Vorgetragenen und „verhungert" trotz Vegi-Menü geistig, wenn im halligen Saal keine induktive Höranlage vorhanden ist.

Schreiben Sie deshalb bei Ihrer nächsten Anmeldung, dass Sie eine Höranlage benötigen und legen Sie dem Veranstalter das ausgezeichnete Merkblatt „Hör- und sehbehinderte Menschen in der Erwachsenenbildung. Anregungen für Kursleiterinnen und Veranstalter"[67] bei. Vielleicht erscheint dann eines Tages das Kästchen für die Höranlage ganz selbstverständlich auf dem Talon. Was die Vegetarier geschafft haben, sollten schwerhörige Menschen doch auch schaffen.

Aber ich mache mir keine Illusionen. Eine mobile induktive Höranlage zu installieren kommt viel billiger, als wenn der Veranstalter einen Video-Beamer leihen muss. Aber vermutlich wird für einen Vortrag eher der teure Projektor gemietet als eine mobile induktive Höranlage.

[66] In: dezibel. Zeitschrift für Hören und Erleben, 7-8/2001, S. 36.

[67] Das Merkblatt wurde gemeinsam herausgegeben vom Bund Schweizerischer Schwerhörigen-Vereine, dem Schweizerischen Gehörlosenbund Deutschschweiz, dem Schweizerischen Verband für das Gehörlosenwesen und dem Schweizerischen Zentralverein für das Blindenwesen.

11 „ 99% der Hörbehinderten waren ausgeschlossen"[68]

Trauerfeier für Nelson Mandela. Plädoyer für induktives Hören

Eine riesige Trauergemeinde unter ihnen 91 Staats- und Regierungschefs aus aller Welt und ein Millionenpublikum an den Fernsehschirmen weltweit sahen wie der Gebärdensprachdolmetscher T.J. die Würdigungen der Mächtigen dieser Welt beim Abschied von Nelson Mandela in Johannesburg gebärdete. Erst im Nachhinein wurde bekannt, dass es sich anscheinend um nichtssagende Gebärden ohne jegliche Bedeutung handelte, die selbst von Südafrikas Gehörlosen nicht verstanden wurden.

Aber eines wurde dennoch erreicht. Das Foto mit dem amerikanischen Präsidenten Barack Obama und T.J. an seiner Seite ist um die Welt gegangen und sogar in kleinen Lokalzeitungen prominent als „Bild der Woche"[69] abgedruckt worden. Gebärdensprache wurde weltweit sichtbar, auch wenn diesmal mit einem schalen Beigeschmack.

Ob T.J. bei seinem Auftritt an einem schizophrenen Anfall litt und Engel gesehen hat und deshalb nicht mehr übersetzen konnte, wie er sich später verteidigte, oder ob es sich um einen Scharlatan handelte, müssen andere beurteilen.

Was aber bei all dem Medien-Hype verloren ging ist die Tatsache, dass auch wenn bei der Trauerfeier ein hervorragender Gebärdendolmetscher neben den Mächtigen dieser Welt gestanden hätte, 99% der Hörbehinderten ausgeschlossen worden wären.

Gemäss einer vor Jahren erschienenen Statistik[70] machen die Gehörlosen, die sich mit Gebärdensprache verständigen, nur 1% aller Hörbehinderten aus. 99% der Hörbehinderten (Schwerhörigen) verständigen sich lautsprachlich und verstehen keine Gebärdensprache.

Somit waren an der Trauerfeier von Anfang an 99% der Hörbehinderten ausgeschlossen.

Ihnen hätte es genützt, wenn im Stadion zusätzlich zur Lautsprecheranlage eine induktive Höranlage installiert worden wäre. Sie hätten dann die Worte der Mächtigen dieser Welt unverzerrt und ohne Nebengeräusche drahtlos auf

---

[68] Denkanstoss verfasst am 15. Dezember 2013.

[69] So auch in „Der Landbote" (Winterthur), 14.12.2013.

[70] Zitiert von Dietfried Gewalt, Schwerhörig und schwierig. Begegnung mit Hörgeschädigten in der Altenarbeit, in: Ratgeber Altenarbeit, hrsg. von Eckhard Lade, Teil 11/4.12, 1994, S. 1.

ihrem Hörgerät oder Cochlea Implantat empfangen können. Vermutlich hätten sie Barack Obama noch besser verstanden als viele Stadionbesucher, die mit der Laufzeitverzögerung der Lautsprecher Mühe hatten, was sogar bei der Übertragung am Fernsehen zu bemerken war.

Aber eine induktive Höranlage professionell im Stadion verlegt, wäre unsichtbar gewesen. Sie wäre vermutlich von niemandem ausser den 99% der Hörbehinderten bemerkt worden, die diskret auf Induktionsspule / Telefonspule an ihrem Gerät oder an ihrer Fernbedienung umgestellt hätten. Eine induktive Höranlage im Stadion in Johannesburg hätte es vermutlich nicht auf Zeitungsseiten geschafft.

Die Technologie ist ja unsichtbar, wenn sie einmal professionell verlegt worden ist; so wie auch Schwerhörigkeit unsichtbar ist. Und in unserer medialen auf Bildern fixierten Zeit scheint nur das von Interesse zu sein, was man fotografisch abbilden kann und möglichst „in real time“, das heisst ohne Zeitverzögerung in Windeseile über die sozialen Netzwerke verbreiten kann.

Gehörlosigkeit hingegen ist sichtbar, zumindest was die Gebärdensprachdolmetscher anbetrifft, die sich prominent sichtbar neben den Mächtigen der Welt platzieren dürfen.

Im Jahr 1994 habe ich zum ersten Mal an der Internationalen Konferenz für Schwerhörigenseelsorge in Budapest / Ungarn teilgenommen. Nils-Erik Rasmussen, der damalige Cheftechniker der dänischen Firma Oticon Lydsystemer, hatte im Konferenzsaal eine induktive Höranlage installiert und die Hörbehinderten waren des Lobes voll.

Bei einem festlichen Nachtessen in einem bekannten Budapester Restaurant hatten es die Veranstalter an nichts fehlen lassen. Sogar zwei berühmte Sänger der Budapester Oper wurden für den Abend aufgeboten.

Kurzfristig wurde im Restaurant eine mobile induktive Höranlage installiert, und die Künstler mit drahtlosen Mikrofonen ausgestattet. So konnten die Texte der mit Inbrunst vorgetragenen Lieder auch von den Hörgeräteträgern bestens verstanden werden.

Am Ende der Konferenz kam das ungarische Fernsehen und interviewte den damaligen Präsidenten. Er schilderte ausführlich, um was es an der Schwerhörigenseelsorge – Konferenz ging. Und am Ende des Interviews stellte dann der Fernsehreporter die Frage: „Wer von Ihnen kann unseren Zuschauern jetzt einmal die Gebärdensprache zeigen?“ Etwas verdutzt antwortete der

Präsident: „Aber hier geht es um Schwerhörige und nicht um Gehörlose. Schwerhörige benutzen keine Gebärdensprache."

Die Gebärdensprache soll nicht grundsätzlich in Frage gestellt werden. Aber es darf nicht vergessen werden, dass damit nur 1% der Hörbehinderten erreicht werden. 99% der Hörbehinderten benutzen keine Gebärdensprache und verstehen auch keine Gebärdensprache. Sie sind mit Gebärdensprache allein von der Kommunikation ausgeschlossen.

Wenn Veranstalter Grossanlässe planen und dabei berechtigterweise nicht nur an die Rollstuhlfahrer sondern auch an die Hörbehinderten denken, dann sollten sie nicht nur den Gebärdensprachdolmetscher aufbieten, sondern auch an die Schwerhörigen denken, die mit einer mobil installierten induktiven Höranlage und einem auf Induktion umgestellten Hörgerät oder Cochlea Implantat jedes ins Rednermikrofon gesprochene Wort verstehen können.

Dass so etwas durchaus möglich ist, hat man in England bewiesen, wo beim Besuch des Papstes im Jahr 2010 die wohl grösste induktive Höranlage im Freien auf einer Fläche von 14 000 Quadratmetern installiert worden ist.

Es gäbe einen kollektiven medialen Aufschrei, wenn ein Grossanlass nicht rollstuhlgängig wäre. Aber leider schreien immer noch wenige auf, wenn 99% der Hörbehinderten ausgeschlossen werden.

Wenn die Schwerhörigen von den Medien auch so eingeschlossen würden wie die gebärdenden Gehörlosen, dann wären heute mehr öffentliche Gebäude mit induktiven Höranlagen ausgestattet, einer Technologie, die nun seit 66 Jahren bekannt ist.

12 Namen sind nicht Schall und Rauch

Anfang des 20. Jahrhunderts nannten sich Schwerhörigen-Vereine „Hephata-Vereine“ in Anspielung auf die biblische Heilungsgeschichte Markus 7,31-37[71] („Hephata – Öffne dich“[72]). Das Neue Testament ist im Original auf Griechisch verfasst worden, aber es finden sich im Text einzelne aramäische Wörter wie z.B. „Hephata“ (Luther) (auch Effata geschrieben). Jesus selbst hat Aramäisch gesprochen.

Dies zeigt auch, dass es evangelisch-reformierte kirchliche Kreise waren, die sich am Anfang des letzten Jahrhunderts um die Schwerhörigen gekümmert haben. So hat die Diakonisse Schwester Anna Eidenbenz[73] vom Diakoniewerk Neumünster in Zürich, welche Kontakt zu Margarete von Witzleben[74] hatte, im Jahre 1912 in Zürich den ersten Schwerhörigen-Verein gegründet. Er wurde damals „Hephata-Verein“ genannt in Anlehnung an das Jesuswort aus Markus 7,34.

Leider wurde dieses kirchliche Engagement zugunsten der Schwerhörigen nicht bis heute durchgehalten. Die meisten Hephata-Vereine änderten später ihren Namen in „Schwerhörigen-Verein“ oder „Hörbehinderten-Verein“.

Vermutlich hatte die Namensänderung auch damit zu tun, dass man in der Öffentlichkeit mit dem Namen „Hephata“ wenig anfangen konnte. Mit der neuen Bezeichnung war nun auch für jedermann klar, um was es bei diesem Verein ging (um Schwerhörigkeit).

---

[71] Vgl. dazu meine Predigt „Schwer hören erleichtern“ in: Siegfried Karg, Dass du wieder jung wirst wie ein Adler. Predigten über Krankheit, Alter, Demenz, Leid und Tod, Saarbrücken 2011, S. 37-42.

[72] „Das Wort ‚Hephata‘ = Tu dich auf! – aus dem Markus-Evangelium 7,34 wird von den Mitgliedern der Hephata-Vereine symbolisch aufgefasst als befreiender Mahnruf, sich nicht abzusondern und in trübe Gedanken einzuspinnen, sondern vielmehr Herz und Auge zu öffnen für jede echte Freude und für jede Gelegenheit, einem Leidensgefährten Freundlichkeit und Hilfsbereitschaft zu erweisen.“ Lea Aegler-Kehrli, Art. «Schwerhörige und Spätertaubte», in: Eugen Sutermeister (Hrsg.), Quellenbuch zur Geschichte des Schweizerischen Taubstummenwesens, Band II, Bern 1929, S. 1220.

[73] Mario Gavazzi, Schwester Anna Eidenbenz, Gründerin der Schwerhörigenbewegung in der Schweiz, in: Hören und Verstehen. Jubiläumsschrift 75 Jahre Schwerhörigenarbeit, Zürich 1995, S. 11-14.

[74] Margarete von Witzleben gilt als Gründerin des ersten Schwerhörigen-Vereins in Deutschland. Vgl. den Artikel von Dietfried Gewalt, Margarete von Witzleben, in: Biographisch-Bibliographisches Kirchenlexikon (BBKL), hrsg. von Friedrich Wilhelm Bautz. Fortgeführt von Traugott Bautz, Band 13, Herzberg 1998, Sp. 1444-1447.

Im Jahr 1920 schlossen sich die Hephata-Vereine / Schwerhörigen-Vereine / Hörbehinderten-Vereine der deutschsprachigen Schweiz zum Bund Schweizerischer Schwerhörigen-Vereine BSSV zusammen[75].

Ende der 90er Jahre des letzten Jahrhunderts änderte als erster Schweizer Verein der Schwerhörigen-Verein Bern seinen Namen in „pro audito bern". Dass man sich anstatt des eindeutigen „Klarnamens" für einen neuen „Kunstnamen" entschied, und sich dabei der lateinischen Sprache bediente, entsprach damals dem modischen Trend[76]. Leider wurden die Berner anscheinend schlecht beraten, denn der lateinische Ausdruck „pro audito" (Für das Hören), vermutlich in Anlehnung an die bekannten Schweizer Organisationen „Pro Juventute" (Für die Jugend) und „Pro Senectute" (Für das Alter) so gewählt, ist grammatikalisch falsch. Da es sich beim lateinischen Verb „audire" um ein unregelmässiges Verb handelt, müsste es eigentlich richtig „pro audit**u**" und nicht „pro audit**o**" heissen[77].

Dem damaligen Trend folgend hat sich dann auch der Dachverband BSSV an der 83. Delegiertenversammlung 2002 in Zürich entschlossen, sich fortan anstatt „Bund Schweizerischer Schwerhörigen-Vereine BSSV" neu „pro audito schweiz. Organisation für Menschen mit Hörproblemen" zu nennen.

Die meisten Vereine sind nach und nach diesem Trend gefolgt. Der Schwerhörigen-Verein Winterthur hat sich im Jahr 2003 in „Pro Audito Winterthur. Verein für Menschen mit Hörproblemen" umbenannt.

Leider konnten viele Menschen früher mit dem aramäischen Wort „Hephata" wenig anfangen und auch „Pro Audito" bereitet vielen Schwierigkeiten (und das nicht nur wegen des Lateinfehlers). Nach dem Namenswechsel erschien das nur mit Kleinbuchstaben geschriebene „pro audito winterthur" im offiziellen Telefonbuch nicht in der Nähe von „Pro Juventute" oder „Pro Senectute" sondern unter „Audiovisuelle Anlagen". Erst die zusammen mit einer fälligen Statutenänderung vollzogene Gross- und Kleinschreibung „Pro Audito Winterthur" brachte den Verein im Telefonbuch wieder in die richtige „Nachbarschaft".

---

[75] Lea Aegler-Kehrli, Art. «Schwerhörige und Spätertaubte», in: Eugen Sutermeister (Hrsg.), Quellenbuch zur Geschichte des Schweizerischen Taubstummenwesens, Band II, Bern 1929, S. 1221.

[76] Vgl. dazu meinen nicht ganz so ernst gemeinten Beitrag „Manutherapie", in: Siegfried Karg, Dass du wieder jung wirst wie ein Adler, Saarbrücken 2011, S. 124-126.

[77] So sprachlich sattelfest scheint der vom damaligen Berner Präsidenten für die Namensänderung beigezogene „befreundete Lateinlehrer" anscheinend doch nicht gewesen zu sein. Er sichert sich zumindest so ab: „Cicero im Dichterhimmel möge ein Auge zudrücken!" 100 Jahre pro audito bern. Das Buch, hrsg. vom Verein pro audito bern, Bern 2014, S.11.

Dass der Vereinsname hin und wieder mit „Auditoren" (Buchprüfern) verwechselt wird, oder sogar unter „Pro Auto" und damit zusammen mit einer Auto-Carosserie-Firma gemeinsam im Internet erschienen ist, zeigt nur die Mühe, welche Menschen mit diesem „Kunstnamen"[78] haben. Vielleicht kehrt man eines Tages doch wieder zu dem eindeutigen „Klarnamen" Schwerhörigen-Verein zurück, so wie die Firma „unique zurich airport" wieder zur schlichten und für jedermann verständlichen Bezeichnung „Flughafen Zürich AG" zurück gekehrt ist.[79]

---

[78] In der für das Schweizer Bundesamt für Sozialversicherungen durchgeführten Evaluation der Hörgeräteversorgung hinsichtlich der Unterschiede zwischen dem bisherigen Tarifsystem (bis Juni 2011) und dem neuen Pauschalsystem fällt auf, dass „ein vergleichsweise hoher Anteil der befragten Hörgeräteträger ... die Fachverbände (z.B. Pro Audito, sonos, forum (sic!) écoute) nicht ... kennen. ... Nur knapp ein Viertel der Befragten im Tarifsystem bzw. knapp ein Fünftel im Pauschalsystem stimmten der Aussage völlig zu, sich ausreichend über die Beratungsleistungen der Verbände informiert zu fühlen." Monika Sander / Martin Albrecht, Evaluation der Qualität der Hörgeräteversorgung. Bericht im Rahmen des zweiten mehrjährigen Forschungsprogramms zu Invalidität und Behinderung (FoP2-IV) Forschungsbericht Nr. 1/14, Bern 2013, S. 48. Könnte es vielleicht auch daran liegen, dass die Befragten mit den „Kunstnamen" Pro Audito oder Sonos relativ wenig anfangen konnten, und es das „forum écoute" in der Schweiz gar nicht gibt? Wenn schon, müsste es im Fragebogen heissen „for**o**m écoute" (die Abkürzung für „la **fo**ndation **rom**ande des malentendants"). An der Tatsache des viel zu geringen Bekanntheitsgrads der Fachverbände ändert es hingegen nichts.

[79] Die englische Organisation für Gehörlose und Schwerhörige „Royal National Institute for Deaf people RNID" hat im Jahr 2011 ebenfalls ihren Namen geändert in „Action on Hearing Loss". Obwohl es sich auch hier um einen „Kunstnamen" handelt, versteht jeder sofort, um was es geht.

13 Sind Schwerhörige in der UN-Behindertenrechtskonvention ausgeschlossen?

Dass in der offiziellen deutschen Übersetzung der UN-Behindertenrechtskonvention, welche am 15. April 2014 nach Deutschland und Österreich auch von der Schweiz ratifiziert worden ist, der im englischen Original benützte Begriff „deaf", der sowohl gehörlose als auch schwerhörige Menschen einschliesst, nur mit „gehörlos"[80] übersetzt worden ist, ist ein weiteres Indiz dafür, wie wichtig es ist, dass schwerhörige Menschen auch hinsichtlich der Namensgebung zu ihrer Identität stehen. Nur so konnte es passieren, dass in der deutschen Übersetzung, die auch mit Österreich und der Schweiz abgesprochen war, die wohl zahlenmässig grösste Behindertengruppe der „Schwerhörigen" in dem weltweit wohl bedeutendsten Behinderten-Dokument „vergessen" wurde.

Es ist auch deshalb unverständlich, weil es Schwerhörigen-Vereine seit über 100 Jahren sowohl in Deutschland, als auch in Österreich und der Schweiz[81]gibt, die durch ihre Vereinstätigkeit, ihre Kurse für Verständigungs-

---

[80] Anscheinend war ich der erste, dem die deutsche Falschübersetzung aufgefallen ist. So schreibt Renate Welter, Vizepräsidentin des Deutschen Schwerhörigenbunds: „Seit Jahren wird darüber diskutiert, dass die falsche deutschsprachige Übersetzung der UN-Behindertenrechtskonvention korrigiert werden muss. Hier geht es um den Begriff ‚inclusion', der mit ‚Integration' übersetzt wurde, was dem Anspruch behinderter Menschen nicht genügt, denn sie sollen eingeschlossen sein in die Gesellschaft, nicht erst eingegliedert werden müssen. Was aber in der Öffentlichkeit bisher überhaupt kein Thema ist, zeigen wir Ihnen in unserem ersten Beitrag auf. Der Begriff ‚deaf', der im Englischen taube und schwerhörige Menschen umfasst, wird in der amtlichen deutschsprachigen Fassung mit ‚gehörlos' übersetzt. Der DSB wird sich gemeinsam mit dem österreichischen und dem schweizerischen Schwerhörigenverband dafür einsetzen, dass die Übersetzung auch an dieser Stelle korrigiert wird." Spektrum Hören 4/2014, S. 22.
Der obige Hinweis von Renate Welter bezieht sich auf meinen Artikel „Sind Schwerhörige ausgeschlossen?" in: Spektrum Hören 4 / 2014, S. 23f., der die deutsche Falschübersetzung des im Original englischen Begriffs „deaf", der sowohl gehörlos als auch schwerhörig bedeutet, zum ersten Mal thematisierte. In der deutschen Übersetzung von Artikel 24, 3c der UN-Behindertenrechtskonvention, die auch mit Österreich und der Schweiz abgesprochen worden war, heisst es gegenwärtig nur, „dass blinden, gehörlosen oder taubblinden Menschen, insbesondere Kindern, Bildung in den Sprachen und Kommunikationsformen und mit den Kommunikationsmitteln, die für den Einzelnen am besten geeignet sind, (...) vermittelt wird."
Erfreulich ist, dass die drei deutschsprachigen Schwerhörigenverbände Deutscher Schwerhörigenbund DSB, Österreichischer Schwerhörigenbund ÖSB und pro audito schweiz. Organisation für Menschen mit Hörproblemen jetzt die zuständigen Ministerien schriftlich gebeten haben, den Artikel 24, 3c so zu ergänzen, „dass blinden, gehörlosen, **schwerhörigen, hörsehbehinderten** oder taubblinden Menschen, insbesondere Kindern, Bildung in den Sprachen und Kommunikationsformen und mit den Kommunikationsmitteln, die für den Einzelnen am besten geeignet sind, (...) vermittelt wird."

[81] „Am 25. Oktober 1912 traf sich ein Grüppchen von Schwerhörigen am Stadelhofen in Zürich. ... Die Versammlung gründete den Verein und wählte einen siebenköpfigen Vorstand. Zur Vorsitzenden bestimmte sie Schwester Anna Eidenbenz. ...Schon im ersten Jahr bot der Verein ein Programm mit Lektionen im Ablesen von Mundbewegungen für besseres Sprachverstehen an." 100

training (Lippen-Absehen) und ihren Einsatz für Höranlagen einen entscheidenden Beitrag zur beruflichen und gesellschaftlichen „Inklusion“ schwerhörender Menschen geleistet haben.

Vermutlich ist die gemeinsame Erklärung des Europäischen Schwerhörigen-Verbands (European Federation of Hard of Hearing People EFHOH) vom 5. Mai 2007 an die „Entscheidungsträger in Europa“ auf „taube Ohren* gestossen. Denn in der Erklärung heisst es klar und deutlich:

„Wir, die Vertreter von EFHOH, ein Verband, der für über 81 Millionen schwerhörige Menschen in Europa spricht, sind sehr beunruhigt über die Übersetzungsarbeit, die jetzt begonnen hat. EFHOH möchte, dass besondere Aufmerksamkeit auf einige Formulierungen im englischen Text gerichtet wird, speziell hinsichtlich des Wortes ‚deaf‘.

Der Ausdruck ‚deaf‘ im englischen Text umfasst sowohl ‚deaf‘ (gehörlos) als auch ‚hard-of-hearing‘ (schwerhörig). Wenn das Wort ‚deaf‘ wie in den ‚UN-Standardregeln‘ mit einem Wort übersetzt wird, das nur die Bedeutung von ‚deaf‘ (gehörlos) hat, wird es schwerhörige Menschen aus der Zielgruppe der Konvention ausschliessen. Schwerhörig bezieht sich auf Menschen mit einer Hörminderung, deren übliche Kommunikationsweise lautsprachlich ist. Für die Zwei-Wege-Kommunikation neigen schwerhörige Menschen dazu, vom Lippenabsehen, vom Gebrauch von Hörgeräten und weiteren Hörhilfsmitteln (Induktive Höranlagen, Untertitelung, Schriftdolmetscher) und von irgendwelchen weiteren Mitteln, die die lautsprachliche Kommunikation erleichtern, Nutzen zu ziehen.

Mit dieser Erklärung wollen wir sicherstellen, dass alle Übersetzungsarbeit in Europa so ausgeführt wird, dass die Gruppe der schwerhörigen Menschen nicht aus der Konvention ausgeschlossen wird.“[82]

Dass in der offiziellen schwedischen Übersetzung der UN-Behindertenrechtskonvention auch schwerhörige Menschen vorkommen, ist das Verdienst des schwedischen Schwerhörigen-Verbands (Hörselskadades Riksförbund HRF), der bereits während der Übersetzungsarbeit beim schwedischen Sozial- und

Jahre Pro Audito Zürich. Menschen machen Hör-Geschichte, hrsg. von PRO AUDITO Zürich, Zürich 2012, S. 5f.

[82] Siegfried Karg, Sind Schwerhörige ausgeschlossen? in: Spektrum Hören. Das Magazin für Schwerhörige 4/2014, S. 23f.

Gesundheitsministerium einen entsprechenden Vorstoss gemacht hat, welcher nicht auf „taube Ohren“ gestossen ist[83].

Es ist immer wieder versucht worden, den Begriff „Schwerhörige“ durch andere Begriffe zu ersetzen: Hörgeschädigte, Hörbehinderte[84], Hörgeminderte[85], Höreingeschränkte, Hörbeeinträchtigte.

Sicher gibt es für all diese Namen gute Begründungen, und man kann hier in guten Treuen unterschiedlicher Auffassung sein. Ich jedenfalls plädiere weiterhin für den „Klarnamen“ „schwerhörige Menschen“ oder „schwerhörende Menschen“, denen wir das Leben erleichtern sollen.

---

[83] „In der offiziellen schwedischen Übersetzung sind nun auch schwerhörige Menschen eingeschlossen. Selbst wer nicht Schwedisch spricht, kann dies am schwedischen Text erkennen, der lautet: ‚med synskada eller dövblindhet (= Taubblindheit), eller som är döva (= gehörlos), eller hörselskadade (= schwerhörig).‘“ Ebd., S. 24. Diesen Hinweis verdanke ich Charlotta Göller vom HRF, die uns bereits 2007 im EFHOH-Vorstand auf dieses potentielle Übersetzungsproblem des Wortes „deaf“ in der englischen Originalversion hingewiesen hat.

[84] Dieser uneindeutige Oberbegriff, der letztlich Gehörlose wie Schwerhörige umfasst, wird oft auch von den mit Gebärdensprache kommunizierenden Gehörlosen benutzt.

[85] Ob der von „Hörminderung“ anstatt „Schwerhörigkeit“ abgeleitete Begriff “Hörgeminderte” nun wirklich einen echten Fortschritt darstellt, wage ich zu bezweifeln. Froh bin, dass der sehr abschätzig tönende, aber in der Fachliteratur benutzte Begriff „Hörgestörte“ immer mehr verschwindet.

14 Wegen Schwerhörigkeit im Gottesdienst ausgeschlossen

Ein Zitat aus dem Jahr 1920 zeigt bereits die damalige schwierige Situation schwerhöriger Menschen auch im Gottesdienst auf *„weil sie trotz aller Anstrengung die Predigt nicht mehr zu hören vermögen. Schweren Herzens verlassen sie die Kirche, tief bedrückt von dem Gefühl, auch im Gottesdienst ausgeschlossen zu sein."*

»Im Jahre 1920 schickte der aargauische Fürsorgeverein für Taubstumme, dessen Präsident Pfarrer J.F. Müller war, ein Rundschreiben an die reformierten Pfarrämter, in dem es u.a. hiess: «Wie Ihnen erinnerlich, ersuchte der Kirchenrat das Kapitel, dieses unsern Verein, die nötigen Vorarbeiten zu einer Schwerhörigenpastoration zu machen. ... Bis wir soweit sind, Schwerhörigengottesdienste abhalten lassen zu können, erlauben wir uns ferner, an Sie Anregungen weiterzugeben, die ein hochangesehenes Mitglied unserer Kirche und unseres Vereins, das seit Jahren äusserst stark an Schwerhörigkeit leidet, dem h. Kirchenrat unterbreitet hat:

1. An Orten, wo sich zahlreiche Gehörleidende befinden, diesen in geeigneter Weise Plätze reservieren zu lassen, an denen sie der Predigt besser zu folgen vermögen als an anderen Stellen der Kirche. "Die Schwerhörigen sind zwar oft recht schüchterne Leute, die nicht auffallen mögen. Aber schliesslich dürfte eine freundliche Ermutigung des Seelsorgers doch bewirken, dass die Gehörschwachen sich auf einer andern Bank niederlassen, besonders wenn sie wahrnehmen, dass die andern Kirchgänger die ihnen erwiesene Rücksicht begreifen und nicht etwa über ihre 'reservierten Plätze' lächeln." Denn, bemerkt unser Gewährsmann, "es gibt tatsächlich viele gehörschwache Leute, die nach schwerer Wochenarbeit des echten Sonntags-Segens entbehren, ***weil sie trotz aller Anstrengung die Predigt nicht mehr zu hören vermögen. Schweren Herzens verlassen sie die Kirche, tief bedrückt von dem Gefühl, auch im Gottesdienst ausgeschlossen zu sein, und zwar auf alle Zeit, von so Vielem, was die Gemeindegenossen erhebt und freut und tröstet. Dies Gefühl der wachsenden Vereinsamung ist schmerzlich, zeitweise, je nach der Gemütsverfassung, fast niederdrückend, und es ist gewiss der Ueberlegung wert, wie etwa geholfen werden könnte.*** *(Hervorhebung vom Verfasser)"*

2. Die Herren Pfarrer möchten es sich angelegen sein lassen, die Schwerhörigen nach Möglichkeit zu besuchen, damit sie sich weniger verlassen fühlen;

***für viele bedeuteten solche Besuche**, sagt unser Gewährsmann, **wahre Lichtstrahlen in die Einsamkeit**. (Hervorhebung vom Verfasser)"*

*3. Möchten Sie bei Schulbesuchen schwerhörige Kinder ein freundliches Interesse fühlen lassen. Solche Kinder werden ja oft zurückgesetzt, von Mitschülern unbewusst missachtet und als Spielverderber gescholten, dass Pfarrer und Lehrer vor der ganzen Klasse hin und wieder **ihrem stillen Leid und Leiden freundliche Rücksicht erweisen dürften, die auf die Umgebung einwirken würde**. (Hervorhebung vom Verfasser)"*[86]»

Gerade die Kirchen müssten sich eigentlich in besonderer Weise um Menschen mit Behinderungen kümmern, wollen sie dem nachleben, was Jesus im Gleichnis vom Weltgericht (Matthäus 25,31-37) gefordert hat: „Was ihr getan habt einem dieser meiner geringsten Brüder (und Schwestern), das habt ihr mir getan.“

Sicher hat sich die Situation schwerhöriger Menschen in den heutigen Kirchen verbessert[87], dennoch hat man oft den Eindruck, dass diese „unsichtbare“ Behinderung vielfach von den Kirchen und den Kirchenbehörden „übersehen“ wird.

[86] Zit. nach Lea Aegler-Kehrli, Art. «Schwerhörige und Spätertaubte», in: Eugen Sutermeister (Hrsg.), Quellenbuch zur Geschichte des Schweizerischen Taubstummenwesens, Band II, Bern 1929, S. 1216. Den Hinweis auf dieses Dokument verdanke ich Pastor Dr. Dietfried Gewalt, früher Schwerhörigenpfarrer der nordelbischen Landeskirche in Hamburg und früherer Präsident der Arbeitsgemeinschaft für evangelische Schwerhörigenseelsorge (AFESS) in Deutschland.
Der 1914 gegründete „Hephata-Verein“ Bern (jetzt pro audito bern) hat deren Gründerin Lea Aegler-Kehrli jetzt in seinem Jubiläumsbuch ein fiktives Gespräch gewidmet. 100 Jahre pro audito bern. Das Buch, hrsg. vom Verein pro audito bern, Bern 2014.

[87] Seit 1979 gibt es den (ökumenischen) Internationalen Verband für Schwerhörigenseelsorge (IVSS-Churchear) www.churchear.org, der die Kirchen immer wieder auf die Wichtigkeit dieser Aufgaben hinweist.

15 Stellen Sie Ihr Hörgerät auf Position „T“[88]

Vorbemerkung: Während meiner Zeit als Gemeindepfarrer in Adliswil (Zürich) wurde in der evangelisch-reformierten Kirche die Beschallungsanlage erneuert. Als Mitglied der Baukommission habe ich mich erfolgreich für die Erneuerung der IndukTiven Höranlage eingesetzt und an den beiden Eingangspfeilern Plakate angebracht mit der Aufschrift „In dieser Kirche ist eine induktive Höranlage installiert. Stellen Sie Ihr Hörgerät auf Position „T“.

Während eines Gottesdienstes habe ich bemerkt, dass ein Gemeindemitglied vermutlich vergeblich versucht hatte, das Hörgerät auf „T“ zu stellen. Anstatt auf T zu stellen, hatte die Person das Hörgerät auf 0 und damit ganz abgestellt, und somit nichts von meiner Predigt verstanden.
Dies war der konkrete Anlass für den folgenden Artikel im „Kirchenboten“.

„Der Glaube kommt aus der Predigt, die Predigt aber durch das Wort Christi“ (Römer 10,17). Dieses Wort des Apostels Paulus zeigt die Bedeutung des gesprochenen Wortes in der Predigt. Aber was nützt das vollmächtig ausgelegte „Wort Christi“, wenn es vom Hörer akustisch nicht richtig oder überhaupt nicht verstanden werden kann? Der Grund mag in der undeutlichen Aussprache des Predigers liegen oder aber in einer Hörbehinderung des Gottesdienstbesuchers.

Seit einem Jahr ist in unserer Kirche eine neue Mikrofon- und Lautsprecheranlage installiert. Gleichzeitig damit wurde auch eine induktive Schwerhörigen-Anlage[89] im ganzen Kirchenraum montiert. Bisher war sie nur im vorderen Teil der Kirche vorhanden.[90]

Auch der Hörbehinderte[91] kann jetzt die Predigt gut verstehen. Dazu sind jedoch einige Bedingungen notwendig:

[88] Kirchenbote für den Kanton Zürich. Adliswiler Mantel, Nr. 15, 11. August 1988. Der überarbeitete Text ist ebenfalls erschienen in: Kirchenbote für den Kanton Zürich. Gemeindeseite Evangelisch-reformierte Kirchgemeinde Winterthur-Stadt Nr. 9, 26. April 1991 und in erweiterter Form unter dem Titel „Neue Lautsprecher- und Schwerhörigenanlage in der Stadtkirche“ in Nr. 8, 8. April 1994. Dieser vor 26 Jahren verfasste Artikel ist meine erste Publikation zum Thema „indukTives Hören“.

[89] Anstatt des Ausdrucks „induktive Schwerhörigenanlage“ benutze ich neuerdings nur „induktive *Hör*anlage“.

[90] Darauf hatte mich damals der selbst schwerhörige Willy Schiess aus Zürich-Leimbach hingewiesen, von dem ich überhaupt zum ersten Mal erfahren habe, was eine induktive Höranlage ist.

[91] Der Ausdruck "Hörbehinderte“ ist uneindeutig. Deshalb gehe ich neuerdings wieder zu dem eindeutigeren Begriff „Schwerhörige“ oder „schwerhörende Menschen“ zurück. Während viele Schwerhörige sich als Hörbehinderte bezeichnen, wird dieser Begriff auch von den Gehörlosen als

Der Hörbehinderte muss sein Hörgerät von M (Mikrofon) auf T (IndukTion, "Telefon"-spule) umstellen. Die meisten neueren Hörgeräte sind mit dieser Umschaltmöglichkeit ausgerüstet.

Er hört dann das gesprochene Wort nicht mehr über die Lautsprecher, sondern die Sprache wird via Mikrofon und Verstärkeranlage auf eine Induktionsleitung übertragen. Die Induktionsleitung „sendet" dann die Töne direkt zum Hörgerät. Das hat den Vorteil, dass auch keine sonstigen Nebengeräusche wahrgenommen werden.

Ein Bekannter von mir, der zu 80% hörgeschädigt ist, diente als „Testperson". Er teilte mir mit, dass er das gesprochene Wort in der Kirche bestens verstehen könne, seit die neue Schwerhörigenanlage installiert sei.

Wenn Sie also Mühe mit dem Verstehen haben, so kann das vielleicht daran liegen, dass Sie Ihr Hörgerät nicht auf T gestellt haben (oder noch ein sehr altes besitzen, das diese Möglichkeit nicht hat).

Übrigens, wer kein eigenes Hörgerät besitzt (oder eines ohne Umschaltmöglichkeit hat), kann von unserem Sigristen, Herrn Vennemann, einen Induktionsempfänger mit Kopfhörer für den Gottesdienst ausleihen.

Wenn Sie trotz all dieser Möglichkeiten noch nicht richtig verstehen, dann kann es auch am Redner liegen, der nicht ins Mikrofon redet oder zu weit davon weg ist. Die induktive Schwerhörigenanlage stellt auch Anforderungen an uns Pfarrer, denn der Hörbehinderte hört nur das, was über das Mikrofon kommt. Genauso wichtig ist eine deutliche Artikulation. Gerade für den Hörbehinderten sind die deutlich ausgesprochenen Endungen der Wörter so wichtig. Auch dürfen die Mitlaute (besonders die Buchstaben r, l, m, n) nicht „verschluckt" werden. Für jeden Redner - nicht nur den Kanzelprediger - gilt, was Martin Luther einmal gesagt hat: ***"Tritt fest auf, mach's Maul auf, hör' bald auf!"***

Synonym für Gehörlosigkeit (gebärdensprachlich kommunizierend) gebraucht. Das führt dann letztlich zu grosser Verwirrung, welche weder den Gehörlosen noch den Schwerhörigen nützt.

16 «Hephata - Öffne dich!»[92]

«Hephata», oder auf Deutsch «Öffne dich». Dieser Stossseufzer Jesu soll den BSSV in die nächsten 75 Jahre begleiten. Offene Ohren brauchen die Schwerhörenden. Offene Ohren brauchen auch wir Guthörenden. Offene Ohren braucht die Öffentlichkeit für die berechtigten Anliegen der Menschen mit einer Hörbehinderung.

Trotz 75 Jahre BSSV haben Menschen aus Medien, Politik und Kirche oftmals taube Ohren für die Anliegen der Schwerhörenden. Vielfach ist diese Behinderung unbekannt, weil sie äusserlich unsichtbar ist. Deshalb wird auf Schwerhörige immer noch zu wenig Rücksicht genommen. Deshalb werden die unsichtbar Behinderten vielfach übersehen.

«Hephata - Öffne dich». Das wollen wir in die Welt hinausrufen. Öffnet euch für die besonderen Probleme der Schwerhörigen und Spätertaubten und verschliesst eure Ohren nicht!

Die Geschichte des BSSV hat mit der Erzählung von der Heilung des Taubstummen, des Gehörlosen (Markus 7,31-37) zu tun. Es waren vor allem kirchliche Kreise, die sich bereits im letzten Jahrhundert um die Taubstummen, die Gehörlosen gekümmert haben. Damals unterschied man noch kaum zwischen Gehörlosen und Schwerhörigen.

Die ersten Schwerhörigen-Vereine, die am Anfang dieses Jahrhunderts gegründet wurden, nannten sich «Hephata»-Vereine. In einem frühen Dokument heisst es dazu: „Das Wort 'Hephata' = Tu dich auf! aus dem Markusevangelium 7,34 wird von den Mitgliedern der Hephata-Vereine symbolisch aufgefasst als befreiender Mahnruf, sich nicht abzusondern und in trübe Gedanken einzuspinnen, sondern vielmehr Herz und Auge zu öffnen für jede echte Freude und für jede Gelegenheit, einem Leidensgefährten Freundlichkeit und Hilfsbereitschaft zu erweisen."[93] Dieses Zitat trifft auch heute noch den Kern der Sache, auch wenn die Schwerhörigen-Vereine das Wort „Hephata" inzwischen aus ihrem Vereinsnamen gestrichen haben.

Auch wenn unsere Ohren nicht geöffnet werden, so müssen wir trotzdem nicht „taub" sein. Hören ist ja mehr als das Wahrnehmen von Schallwellen mit

---

[92] Kurz-Besinnung zu Markus 7,34 an der Jubiläumstagung 75 Jahre Bund Schweizerischer Schwerhörigen-Vereine (BSSV) am 21. Mai 1995 im Casino in Zug.

[93] Lea Aegler-Kehrli, Art. «Schwerhörige und Spätertaubte», in: Eugen Sutermeister (Hrsg.), Quellenbuch zur Geschichte des Schweizerischen Taubstummenwesens, Band II, Bern 1929, S. 1220.

messbaren Frequenzen wie bei einem Hörtest. Hören bedeutet auch, auf die innere Stimme zu hören, sich öffnen, offen werden für den andern.

Heute sind uns neue Möglichkeiten gegeben, das Jesuswort «Hephata - Öffne dich» Wirklichkeit werden zu lassen. Wir können unseren Beitrag dazu leisten, dass auf Hörbehinderte Rücksicht genommen wird, dass die noch vorhandene Hörfähigkeit durch Hörgeräte[94] und Höranlagen optimal genützt wird. Für viele Schwerhörige und Spätertaubte öffnet sich dadurch nämlich eine neue Welt.

Mit einem anderen Ausspruch Jesu möchte ich schliessen: ***„Wer Ohren hat zum Hören, der höre!“*** (Markus 4,9).

[94] Cochlea Implantate waren mir damals (1995) noch nicht bekannt. An dieser Jubiläumstagung in Zug habe ich in Hans Jörg Studer zum ersten Mal bewusst einen Träger eines Cochlea Implantats getroffen. Wir waren dann Jahre später gemeinsam im Zentralvorstand von pro audito schweiz.

17 «Wenn ich schwach bin, dann bin ich stark»[95]

2. Korinther 12,1-10

«Ich muss mich ja rühmen; zwar nützt es nichts, trotzdem will ich jetzt von Erscheinungen und Offenbarungen sprechen, die mir der Herr geschenkt hat. Ich kenne jemand, einen Diener Christi, der vor vierzehn Jahren bis in den dritten Himmel entrückt wurde; ich weiss allerdings nicht, ob es mit dem Leib oder ohne den Leib geschah, nur Gott weiss es. Und ich weiss, dass dieser Mensch in das Paradies entrückt wurde; ob es mit dem Leib oder ohne den Leib geschah, weiss ich nicht, nur Gott weiss es. Er hörte unsagbare Worte, die ein Mensch nicht aussprechen kann. Diesen Mann will ich rühmen; was mich selbst angeht, will ich mich nicht rühmen, höchstens meiner Schwachheit. Wenn ich mich dennoch rühmen wollte, wäre ich zwar kein Narr, sondern würde die Wahrheit sagen. Aber ich verzichte darauf; denn jeder soll mich nur nach dem beurteilen, was er an mir sieht oder aus meinem Mund hört. Damit ich mich wegen der einzigartigen Offenbarungen nicht überhebe, wurde mir ein Stachel ins Fleisch gestossen: ein Bote Satans, der mich mit Fäusten schlagen soll, damit ich mich nicht überhebe. Dreimal habe ich den Herrn angefleht, dass dieser Bote Satans von mir ablasse. Er aber antwortete mir: Meine Gnade genügt dir; denn sie erweist ihre Kraft in der Schwachheit. Viel lieber also will ich mich meiner Schwachheit rühmen, damit die Kraft Christi auf mich herabkommt. Deswegen bejahe ich meine Ohnmacht, alle Misshandlungen und Nöte, Verfolgungen und Ängste, die ich für Christus ertrage; denn wenn ich schwach bin, dann bin ich stark.» (Einheitsübersetzung)

Im soeben erschienenen Buch „Wer nicht hören kann, muss fühlen" beschreibt die seit ihrer Schulzeit schwerhörige Christiane Krause ihre Lebensgeschichte. Es ist ein erschütterndes und lesenswertes Buch. Über Jahrzehnte hindurch gelingt es der hochintelligenten Frau, ihr unsichtbares Leiden Schwerhörigkeit vor ihrer Familie, vor ihren Schulkameradinnen und -kameraden und vor ihrem Bekanntenkreis zu verstecken. Welche tiefe Not mit diesem ungewollten Versteckspiel verbunden ist, wird auf ergreifende Weise beschrieben.

Christiane Krause beschreibt dieses „Versteckspiel" so: „Ich verstand es ja immer sehr gut, meine Hörschwierigkeiten zu verbergen. Ich lernte sehr früh, Fragen vorauszuahnen, ich konnte mich immer sehr gut in andere Menschen hineinversetzen, in ihr Denken und Fühlen, und war deshalb meistens darauf

[95] Predigt am 25. Juni 1995 in der Stadtkirche Winterthur, Schweiz.

gefasst, was sie als nächstes sagen oder fragen würden. Ich trainierte diese Fähigkeiten und brachte sie im Laufe von Jahren zu immer grösserer Perfektion. Ich dachte in grösseren Kreisen; bei allem, was ich tat oder sagte, bezog ich immer die möglichen Reaktionen mit ein. Ich dachte für drei, ich dachte um zehn Ecken, ich versuchte in allem vorauszuahnen, wie mein Handeln und Reden auf andere wirken würde.“[96]

Das Buch zeigt die tragische Situation auf, dass Menschen die ihnen auferlegten Behinderungen in unserer Gesellschaft immer noch verstecken müssen, wollen sie nicht als Aussenseiter oder sogar als „Tubbelis“ (Dööfies) angesehen werden.

Wie gehen wir selbst mit uns auferlegten Leiden um? Wie gehen wir mit Behinderten generell um? Welche Antworten gibt die Bibel auf die Frage nach dem Leiden?

Der für den heutigen Gottesdienst gewählte Predigttext 2. Korinther 12,1-10 gehört zu den auf den ersten Blick schwer verständlichen Texten der Bibel. Wir könnten ihn einfach beiseitelegen und sagen, so etwas verstehe ich sowieso nicht. Oder wir könnten den Versuch wagen, uns auf diesen Text einzulassen, in dem bei näherem Zusehen so viel persönliche Lebenshilfe und Lebensbewältigung enthalten ist und der mir deshalb so wichtig ist.

Verpackt in eine Rede, die Paulus seinen Gegnern in der Gemeinde in Korinth in Briefform schickt, zeigt er auf, wie er selbst mit einer körperlichen Krankheit fertiggeworden ist, die ihn sehr in seinem Dienst behindert hat.

Obwohl er Gott dreimal gebeten hat, die Krankheit von ihm zu nehmen, hat Gott sein Gebet nicht erhört. Gott hat die Behinderung nicht von ihm genommen, sondern zu ihm gesagt: "Meine Gnade ist genug für dich, denn die Kraft erreicht ihre Vollendung in Schwachheit."

Wenn das nur so leicht wäre, Krankheit anzunehmen. Wenn das nur so mühelos ginge, mit einer angeborenen oder erworbenen Behinderung fertig zu werden. Da grübeln wir doch nach. Da flehen wir Gott im Gebet an. Da schliessen wir insgeheim mit Gott Verträge. Wenn du diese Krankheit oder diese Behinderung von mir nimmst, dann mache ich das und das.... Wir handeln mit Gott, weil wir unser Schicksal gewendet haben möchten.

Es ist verständlich, dass wir mit Gottes Hilfe rechnen und es ist auch von Gott so zugesagt, dass wir mit seiner Hilfe rechnen dürfen. Wie die Hilfe aber je-

[96] Christiane Krause, Wer nicht hören kann, muss fühlen. Ein Leben mit Schwerhörigkeit, Frankfurt am Main 1994, S. 25.

weils konkret aussieht, das steht in Gottes Hand. Hilfe Gottes muss nicht Heilung von der Krankheit bedeuten. Auch Paulus wurde sein Leiden nicht genommen.

Paulus weiss, wovon er redet. Er hatte eine Krankheit, die ihn stark in seinem Dienst für den Herrn Jesus Christus behinderte. Welche Krankheit es war, teilt uns Paulus nur in Andeutungen mit. Darauf kommt es letztlich auch nicht an. Was uns Paulus aber deutlich macht, ist, dass er unter der Krankheit sehr litt. Er beschreibt seine Krankheit mit dem Bild eines Dornes im Fleisch. Martin Luther hat vom „Pfahl im Fleisch“ geredet.

Das griechische Wort, das im Text gebraucht wird, kann Pfahl, Dorn, Stachel oder Splitter heissen. Wohl ist hier nicht an einen wirklichen Pfahl zu denken, sondern das Ganze ist ein anschauliches Bild für ein Leiden, eine Krankheit, die Paulus so zu schaffen machte, wie wenn er einen Pfahl im Leib gehabt hätte. Die Bibelausleger haben viel gerätselt, was mit diesem Stachel im Fleisch gemeint sein könnte.

Welches Leiden oder welche Krankheit Paulus hatte, kann nicht mehr festgestellt werden. Ein Neutestamentler unserer Tage gibt dazu folgende Vermutung ab: "Fest steht lediglich, dass es sich um eine leibliche, nicht nur um eine psychische Krankheit gehandelt hat. Aber darüber hinausgehende konkrete Anhaltspunkte lassen sich kaum gewinnen. ...das vom Satansengel mit Fäusten Geschlagenwerden deutet eher auf eine in schmerzhaften Anfällen sich äussernde Krankheit hin. Einige haben hier einen Hinweis auf Epilepsie finden wollen; aber auch chronisches Rheuma oder Neuralgien kämen in Betracht." (Jürgen Roloff)

Paulus hat sich nicht einfach mit seinem Leiden abgefunden. Zu gern wäre er von der Krankheit befreit worden, um noch besser für den Herrn wirken zu können. Paulus wusste um die Macht des Gebets. Er bat den Herrn, diesen Dorn im Fleisch von ihm zu nehmen. Aber der Herr tat es nicht.

Dreimal flehte Paulus den Herrn an und hoffte auf eine Gebetserhörung. Der Herr hat ihn erhört, aber er hat ihn nicht von seiner Krankheit befreit. Vielmehr hat der Herr ihm geantwortet: "Meine Gnade ist genug für dich, denn die Kraft erreicht ihre Vollendung in Schwachheit." Paulus muss damit leben und er kann sogar noch einen Sinn darin sehen. Der Stachel im Fleisch ist ihm gegeben, damit er nicht überheblich wird.

Uns fällt es nicht so leicht, wenn unsere Gebete nicht auf die Art und Weise erhört werden, wie wir es wünschen. Wir können nicht so leicht sagen wie Paulus: „Wenn ich schwach bin, dann bin ich stark.“

Aber gehört es nicht auch gerade zum Gottsein Gottes, dass er darin frei ist, wie er auf unsere Gebete antwortet? Wenn er hierin nicht frei wäre, dann wäre er ja letztlich eine Marionette. Dann hätten wir Gott in der Hand und dann wäre er nicht mehr Gott sondern der Erfüller menschlicher Wünsche.

Paulus hätte es auch lieber gehabt, wenn Gott ihm diesen Dorn im Fleisch genommen hätte. Dreimal hat er einen Anlauf dazu gemacht und Gott darum gebeten. Und Gott antwortet ihm: "Meine Gnade ist genug für dich." Paulus muss dies akzeptieren und kann dies akzeptieren. Er findet sich mit seinem Leiden ab, weil er weiss, dass der Herr ihn nicht davon erlösen möchte. Paulus kann zu seiner Schwachheit stehen. Ja er kann sogar sagen: "Wenn ich schwach bin, dann bin ich stark."

Paulus musste Misshandlungen über sich ergehen lassen, er musste um Christi willen Verfolgungen auf sich nehmen, er war Ängsten ausgesetzt. Und trotzdem kann er sagen: "Wenn ich schwach bin, dann bin ich stark."

Der Völkerapostel kann uns helfen, ein neues Verständnis dessen zu gewinnen, was Heil und Heilung bedeutet. Gott kann uns sein Heil schauen lassen, ohne dass wir geheilt werden. Das musste der Apostel Paulus schmerzlich erfahren. Er hat Gottes Heil erfahren, aber es ist ihm keine Heilung widerfahren. Der Dorn im Fleisch, wie er sich bildhaft ausdrückt, ist ihm geblieben und nicht von ihm genommen worden, auch wenn er den Herrn dreimal darum gebeten hat.

Machen wir es uns nicht oft zu leicht, wenn wir einen leidenden Menschen damit trösten wollen, dass wir ihm sagen, du musst halt oft genug beten, dann nimmt dir Gott dein Leiden? So einfach ist das nicht. Dafür steht der Apostel Paulus als Kronzeuge. Bei ihm hat es sicher nicht am Gebet gefehlt. Er hat sein Leben für die Sache Jesu Christi eingesetzt.

Kann uns der Apostel Paulus hier nicht auch Beispiel sein? Er litt unter seinem Dorn im Fleisch und hätte es lieber gehabt, Gott hätte ihn von dieser Behinderung befreit. Aber Gott hat es nicht getan. Er hat zu ihm gesagt: Lass dir an meiner Gnade genügen, denn meine Kraft ist in den Schwachen mächtig.

Paulus hätte resignieren können, vor sich hin sinnieren können und seine missliche Lage beklagen können. Aber er hat es anders gemacht. Trotz seiner Behinderung hat er sich für das Reich Gottes eingesetzt, hat das Evangelium verkündigt, ja er wollte bis an die Enden der Erde kommen, um die frohe Botschaft von Jesus Christus weiterzutragen.

Er kann sagen: "So will ich nun am liebsten mich vielmehr der Schwachheiten rühmen, damit die Kraft Christi bei mir Wohnung nehme. Daher habe ich Wohlgefallen an Schwachheiten, an Misshandlungen, an Nöten, an Verfolgungen und Ängsten um Christi willen; denn wenn ich schwach bin, dann bin ich stark."

Unser Predigttext möchte uns aufrufen, unsere Behinderungen und unsere Schwachheiten zu akzeptieren. Das schliesst aber nicht aus, dass wir mit unserem Schicksal hadern. Auch Paulus hat sich erst nach dreimaligem Versuch damit abgefunden.

Trotzdem darf Krankheit und Leiden auf gar keinen Fall verherrlicht werden. Für den Betroffenen selbst ist es ganz schlimm. Da hilft alles gute Zureden nichts. Da nützt es auch nichts, wenn wir die Statistik anführen, wonach so und so viel Prozent Menschen von diesem Leiden betroffen sind. Für den Betroffenen selbst ist es immer 100%.

Die anfangs zitierte Christiane Krause beschreibt ihre Leidenssituation so: „Was ist denn Schwerhörigkeit überhaupt? Sie ist ja keine Krankheit, jedenfalls keine «zum Tode». Ich kann ja leben damit, sogar sehr lange, ich werde mit ihr keinen Tag früher sterben als ohne sie, ich habe keine Schmerzen, muss nicht im Bett liegen oder im Rollstuhl sitzen, ich fühle mich gesund. Auch zu den Behinderten zähle ich im Grunde nicht, zumindest nach landläufiger Meinung. Das erlebe ich immer wieder, wenn ich mich bei sportlichen oder kulturellen Aktivitäten nicht zu den Normalen getraue und bei den Behinderten abgewiesen werde.

Ich bin nicht körperbehindert und nicht geistig behindert. Aber ich bin schwerhörig, und so falle ich durch die Maschen der Organisationsnetze und gehöre nirgendwo hin.“[97] Genauso wie es Christiane Krause beschreibt, fühlen sich viele Schwerhörige. Ihre Behinderung ist unsichtbar und deshalb werden sie vielfach „übersehen“.

Es gibt heute „salonfähige“ Behinderungen und nicht salonfähige. Kurzsichtigkeit und Weitsichtigkeit ist eine sehr verbreitete Behinderung. Aber es ist glücklicherweise zu einer „salonfähigen“ Behinderung geworden. Brillen sind

[97] Ebd. S. 108.

heute sogar zum Modeartikel geworden. Deshalb wirbt ein Winterthurer Optiker auf Plakaten mit dem Slogan „Da sieht man hin“.

Seit bekannte Filmschauspieler öffentlich Brillen tragen, verzeichnen die Brillengeschäfte einen Verkaufsboom. Menschen, die gar nicht sehbehindert sind, lassen sich Brillen mit Fensterglas anfertigen, um modisch im Trend zu liegen, denn: „Da sieht man hin“.

Schwerhörigkeit hingegen ist immer noch eine nicht salonfähige Behinderung. Hier muss noch viel Bewusstseinsveränderung in unserer Gesellschaft geschehen.

Sind also Leiden und Behinderungen nur Last? Immer wieder teilen uns Menschen mit, wie sie in der Situation der Krankheit oder des Leidens persönlich reifer geworden sind, wie ihr Glaube und ihr Vertrauen in Gott gestärkt worden sind. Auch ist oftmals das Einfühlungsvermögen für andere kranke Menschen grösser geworden. Sie sind insgesamt sensibler geworden.

Am Schluss ihres Buches beschreibt Christiane Krause, wie sie nach vielen Jahren des Versteckspiels ihre Behinderung auch als Bereicherung erlebt hat. Sie formuliert es so: Schwerhörigkeit „führt dazu, dass ich mein Leben anders gestalten, andere Schwerpunkte setzen, eine »Seinsweise« finden muss, die mir gemäss ist.

Ich sehe ja doch immer deutlicher, dass ich Lebensinhalte finde, die ich ohne die Schwerhörigkeit nie gefunden hätte und die mein Leben bereichern.“[98]

Gleichzeitig sind wir aber dazu aufgerufen, Leiden zu mindern oder zu verhindern, wo es möglich ist. Aber wir müssen auch akzeptieren, dass es nicht möglich sein wird, alles Leiden zu beseitigen.

Ich möchte mit einem bekannten Gebet schliessen, das fälschlicherweise dem schwäbischen Pietisten Friedrich Christoph Oetinger zugeschrieben wird, das aber von dem amerikanischen Theologen und Sozialethiker Reinhold Niebuhr stammt:

"Gott gebe mir die Gelassenheit,

Dinge hinzunehmen, die ich nicht ändern kann,

den Mut, Dinge zu ändern, die ich ändern kann,

und die Weisheit, das eine vom anderen zu unterscheiden."

---

[98] Ebd., S. 156f.

18 «Dein Stecken und Stab trösten mich.»[99]

Psalm 23

«Der Herr ist mein Hirte;
mir wird nichts mangeln.
Er weidet mich auf einer grünen Aue
und führet mich zum frischen Wasser.
Er erquicket meine Seele;
er führet mich auf rechter Strasse
um seines Namens willen.
Und ob ich schon wanderte im finstern Tal,
fürchte ich kein Unglück;
denn du bist bei mir,
dein Stecken und Stab trösten mich.
Du bereitest vor mir einen Tisch
im Angesicht meiner Feinde.
Du salbest mein Haupt mit Öl
und schenkest mir voll ein.
Gutes und Barmherzigkeit werden mir folgen mein Leben lang,
und ich werde bleiben im Hause des Herrn immerdar. (Luther)

Zu den eindrücklichsten Texten der Bibel gehört der 23. Psalm. Seit Jahrtausenden schöpfen Menschen Trost aus diesen Formulierungen. Wie oft kommen wir im Leben in Situationen, in denen wir auf Trost angewiesen sind? Auch wenn unser Leben geradlinig verläuft, so sind wir doch nicht davor gefeit, dass wir durch Krankheit oder Leid aus dem Tritt geraten. In solchen Situationen sind wir dann besonders auf menschliche Zuwendung angewiesen. Aber auch in Situationen, in denen wir keine menschliche Zuwendung erhalten, in denen wir auf uns selbst gestellt sind, können wir uns mit den vertrauten Worten von Psalm 23 selbst trösten.

Wohl deshalb ist der Psalmtext so bedeutungsvoll, weil er das Schöne im Leben mit dem Schweren im Leben verbindet. Zum Leben gehören die „grüne Aue" und das „finstere Tal", um die Psalmworte zu benutzen.

Ich möchte mich heute besonders auf eine Aussage des Psalmes konzentrieren. Im Psalmtext heisst es „Dein Stecken und Stab trösten mich". Mir ist eigentlich nie bewusst gewesen, welche tiefere Bedeutung die Bilder vom Stecken und Stab haben können. Der deutsche Schwerhörigenpfarrer Dr. Diet-

---

[99] Predigt am 25. August 1996 in den Krankenheimen Oberi und Adlergarten Winterthur, Schweiz.

fried Gewalt hat in einem Artikel zum Thema „Trost im Alter für Hörgeschädigte“[100] aufgezeigt, was das Bild vom Stecken und Stab für hörbehinderte Menschen bedeuten kann. Trost für schwerhörige Menschen muss mehr sein als nur der Zuspruch eines guten Wortes. Den Zuspruch braucht es auch. Aufmunterung, mit dem eigenen Hörverlust umzugehen zu lernen, ist für schwerhörige Menschen bitter nötig. Aber so wie der Psalmbeter Trost durch den „Stecken und Stab“ erfährt, so kann der schwerhörige Mensch Trost etwa durch ein gut funktionierendes Hörgerät bekommen.

Was hilft der beste Zuspruch des Evangeliums, wenn er vom schwerhörigen Menschen akustisch gar nicht verstanden werden kann? Jemand hat einmal gesagt, das Ohr ist das Tor zur Seele. Über das Hören und Verstehen nehmen wir die uns zugesprochene Botschaft auf. Wie durch ein offenes Tor gelangt das Gesagte ins Innere des Menschen, in seine Seele. Aber wie muss es für einen schwerhörigen Menschen sein, der durch sein geschädigtes Ohr Mühe hat, die zugesprochene Botschaft überhaupt akustisch aufzunehmen? Sein Tor zur Seele ist nicht mehr weit offen. Er benötigt Hilfsmittel, um durch dieses Tor gelangen zu können. Ein solches Hilfsmittel ist für den hörbehinderten Menschen zunächst das Hörgerät.

So wie ein gehbehinderter Mensch auf den Rollstuhl angewiesen ist, so ist der schwerhörige Mensch auf das Hörgerät angewiesen. Man könnte deshalb sagen: Das Ohr ist das Tor zur Seele und das Hörgerät der Rollstuhl zur Seele.

Oder in den Worten des 23. Psalms formuliert: Das Hörgerät ist der „Stecken und Stab“, der den schwerhörigen Menschen tröstet.

In meinen Ferien war ich als Präsident des Schwerhörigen-Vereins Winterthur am Weltkongress der Schwerhörigen in Graz, Österreich. Eine Woche lang wurden von Fachleuten aus der ganzen Welt Vorträge über Schwerhörigkeit gehalten. Am Schluss des Kongresses wurde eine Resolution verabschiedet, in der es u.a. heisst, dass „angemessene Höranlagen in öffentlichen Versammlungsräumen“ installiert werden sollen, damit Hörgeräteträgerinnen und -träger auch in akustisch schwierigen Räumen voll vom Nutzen ihres Hörapparates profitieren können. Ich habe mich über diesen Satz besonders gefreut, ist dies doch ein Gebiet, das bisher sehr vernachlässigt worden ist.

---

[100] Dietfried Gewalt, Trost im Alter für Hörgeschädigte, in: Wege zum Menschen 48. Jg. 1996, S. 432-438.

In dem bereits vorhin genannten Artikel erwähnt Dietfried Gewalt folgende „handfeste Hilfsmittel", die „unmittelbar seelsorgerliche Bedeutung haben": - „Die Höranlage im Gemeinschaftsraum, in der Kapelle oder in der benachbarten Kirche ermöglicht die Teilnahme am Gottesdienst. - Schalldämpfende Massnahmen in Aufenthaltsräumen senken den Geräuschpegel und schonen die zugleich hörgeschädigten und lärmempfindlichen Ohren."[101]

Ein weiteres Problem, das am Kongress in Graz von vielen Referentinnen und Referenten angeschnitten wurde, ist das mangelnde Selbstbewusstsein der Schwerhörigen selbst. Schwerhörigkeit ist eine unsichtbare Behinderung und sie wird leider vielfach auch von den Betroffenen selbst verborgen.

Als positives Beispiel sei hier eine junge schwerhörige Frau aus Deutschland erwähnt, die am Kongress zwei intensiv blau gefärbte Hinter-dem-Ohr-Hörgeräte mit weinrot gefärbten Ohrpassstücken trug. Sie hat ihre Hörbehinderung nicht versteckt. Durch ihre farbigen Hörgeräte war sofort jedem klar, dass sie hörbehindert war. Zudem trug sie Ohrringe, auf denen in Englisch „Out of Order" stand, was zu Deutsch „Ausser Betrieb" bedeutet. Ja ihre Ohren waren „ausser Betrieb", deshalb trug sie Hörgeräte. Hier wurde die Schwerhörigkeit nicht verborgen sondern offen dazu gestanden.

Ein anderes Beispiel war die inzwischen selbst schwerhörig gewordene Schwerhörigenlehrerin aus der Schweiz, die ihr Ohrpassstück mit Perlen bestücken liess. Sie steht damit ebenfalls offen zu ihrer Behinderung und trägt ihre Hörhilfe als Schmuckstück, so wie andere Frauen eine Perlenkette als Schmuckstück tragen.

Es ist heute selbstverständlich, dass bei Neubauten von öffentlichen Gebäuden oder auch bei Renovationen die Gebäude rollstuhlgängig gemacht werden. Noch nicht selbstverständlich ist es, dass solche Gebäude mit einem „Stecken und Stab" ausgerüstet werden und das heisst mit induktiven Höranlagen für Hörgeräteträgerinnen und -träger ausgestattet werden. (Ich bin glücklich, dass unser Festsaal im Adlergarten mit einer solchen induktiven Höranlage ausgestattet ist).

Trost ist nicht nur Zuspruch der frohen Botschaft von Gott. Trost kann auch „Stecken und Stab" sein und das kann für schwerhörige Menschen heissen, gut funktionierende Hörgeräte und entsprechende Höranlagen.

Wenden wir uns jetzt im Einzelnen dem biblischen Text zu. Das Vertrauen auf Gott steht im Zentrum des 23. Psalmes. Der Dichter des Psalms drückt

[101] Ebd., S. 436.

eine Zuversicht aus, die nur jemand hat, der von Gott etwas erwartet. Der Psalmist weiss sich von einem Hirten geführt und beschützt. Mit diesem Hirten ist natürlich Gott gemeint. Der Psalmdichter stellt sich Gott als einen Hirten vor, der mit den Herden mitzieht. Dieser Psalm stammt aus der Frühzeit des Volkes Israel, als die „Israeliten“ noch Nomaden waren und mit ihren Kleinviehherden von Weideplatz zu Weideplatz zogen. Gott war nicht an einen Ort oder an ein Heiligtum gebunden. Gott zog mit den Herden von Weideplatz zu Weideplatz wie ein guter Hirte.

Im Psalm wird das Leben als eine Wanderung dargestellt, die an grünen Auen vorbeiführt und auch durchs finstere Tal führt. Beides gehört zum Leben.

Der 23. Psalm ist voll von Bildern, die Gottvertrauen ausdrücken. Gott erscheint als Hirte, der auf seine Herde aufpasst, der sorgt, dass die Herde genügend Nahrung hat und nicht Mangel leiden muss.

Die grüne Aue steht für das Schöne im Leben. "Er weidet mich auf einer grünen Aue und führet mich zum frischen Wasser." Nur wer die Trockenheit im Orient kennt, kann recht verstehen, was das „er führet mich zum frischen Wasser" bedeutet. Gott stillt mein Verlangen, meinen Durst. "Er erquicket meine Seele." Er lässt mich nicht verdursten im körperlichen wie im seelischen Sinne. "Er führet mich auf rechter Strasse."

Aber der Psalmbeter weiss auch um schwierige Situationen im Leben, an denen wir zu kauen haben. Das Geführtsein durch Gott schliesst nicht aus, dass man durchs finstere Tal geführt wird. Aber auch im finsteren Tal brauchen wir uns nicht vor dem Unglück zu fürchten, denn auch da ist Gott bei uns.

Vielleicht haben wir uns auch schon gefragt, warum die einen Menschen auf einer grünen Aue weiden dürfen und die andern durchs finstere Tal gehen müssen. Antworten darauf werden wir keine finden. Das ist und bleibt letztlich Gottes Geheimnis. Vielleicht kann das Wandern durchs finstere Tal uns reifer machen. Vielleicht erleben wir das Leben dadurch intensiver. Aber auch im finstern Tal ist der Mensch nicht allein gelassen. Gott geht mit uns durchs finstere Tal.

"Denn du bist bei mir; dein Stecken und Stab trösten mich." Der Stecken und der Stab des Hirten beschützen uns. Gott lässt uns auf der Wanderschaft nicht allein. Er reicht uns den Wanderstab. Auf dieser Wanderschaft kommen wir immer näher zu Gott, bis wir ihn dann erreicht haben.

Unser Beter weiss, dass er an einem gedeckten Tisch bei Gott zu Gast sein darf, dass der Becher voll eingeschenkt ist. Auch wenn der Beter seine Feinde im Angesicht hat, so vertraut er trotzdem auf Gottes Führung. Am Schluss kann er dann in den freudigen Jubel ausbrechen: "Gutes und Barmherzigkeit werden mir folgen mein Leben lang, und ich werde bleiben im Hause des Herrn immerdar."

So kann nur einer reden, der sein Vertrauen voll auf Gott setzt. Gott tröstet uns auch im finstern Tal. Aber Trost soll nicht nur göttlichen Zuspruch beinhalten. Trost braucht auch den „Stecken und Stab“. Für den schwerhörigen Menschen kann der Stecken und Stab ein richtig gewartetes und gut funktionierendes Hörgerät und eine technisch einwandfreie induktive Höranlage sein. „Dein Stecken und Stab trösten mich.“ Darauf dürfen wir vertrauen.

19 Keine neue Hörigkeit wegen Schwerhörigkeit[102]

1. Petrus 2,21-25

«Denn dazu seid ihr berufen, da auch Christus gelitten hat für euch und euch ein Vorbild hinterlassen, dass ihr sollt nachfolgen seinen Fussstapfen; er, der keine Sünde getan hat und in dessen Mund sich kein Betrug fand; der nicht widerschmähte, als er geschmäht wurde, nicht drohte, als er litt, er stellte es aber dem anheim, der gerecht richtet; der unsre Sünde selbst hinaufgetragen hat an seinem Leibe auf das Holz, damit wir, der Sünde abgestorben, der Gerechtigkeit leben. Durch seine Wunden seid ihr heil geworden. Denn ihr wart wie die irrenden Schafe; aber ihr seid nun bekehrt zu dem Hirten und Bischof eurer Seelen.» (Sonntag Miserikordias Domini, Luther-Übersetzung)

Wenn es in den Bergen über Nacht geschneit hat und der Wind alle Wege verweht hat, dann kommt man sich vor wie ein irrendes Schaf, das sich verlaufen hat. Alles ist weiss. Alles sieht eingeebnet aus. Man hat die Orientierung verloren. Wie froh ist man da, wenn man plötzlich eine Fussspur im Schnee entdeckt. Dieser kann man dann folgen. Diese hilft zur Orientierung.

Im Bibeltext ist es Jesus Christus, der uns eine solche Spur hinterlassen hat, der wir folgen können. In seine Fussstapfen sollen wir treten. Diese sollen uns die Richtung weisen, damit wir nicht verloren sind.

Der Gekreuzigte und Auferstandene ist für uns das Vorbild, dem wir folgen dürfen. Christus hat für unsere Sünden gelitten. Dies soll uns Trost schenken, mit unseren eigenen Behinderungen und unserem eigenen Leiden fertig zu werden. Dies ist die Aussage dieses Christusliedes aus dem 1. Petrusbrief, über das nach der Predigtordnung am Sonntag Miserikordias Domini gepredigt wird.

Der Textzusammenhang ist wichtig. Meinen Schülerinnen und Schülern im Religionsunterricht sage ich immer, wie wichtig es sei, dass man einen Bibeltext im direkten und im gesamtbiblischen Zusammenhang lesen müsse. Wird dies nämlich unterlassen, dann kann es zu fatalen Missverständnissen kommen. Religiöse Sondergruppen zeichnen sich ja oftmals gerade dadurch aus, dass sie Bibelzitate aus ihrem Zusammenhang reissen und absolut setzen. Was dabei herauskommen kann, haben wir in den vergangenen Jahren tra-

[102] Predigtbrief der Arbeitsgemeinschaft für Evangelische Schwerhörigenseelsorge e.V. in Deutschland Jahrgang 40, Nr. 4, April 1998, S. 1-3. Während Jahren gab es ein monatliches Heft mit jeweils einer Predigt gemäss Predigtordnung und weiteren allgemeinen Informationen, das an schwerhörige Menschen gratis versandt wurde. Leider musste diese sehr geschätzte Publikation wegen mangelnder Finanzen eingestellt werden.

gisch erleben müssen bei etlichen Sektendramen, bei denen unschuldige Menschen ihr Leben lassen mussten.

Wir müssen den Bibeltext in seinem Zusammenhang betrachten, sonst besteht die Gefahr des Missverständnisses. So sind auch für das Verständnis unseres Bibeltextes der unmittelbare und der gesamtbiblische Zusammenhang ganz wichtig.

Grundsätzlich wäre nichts dagegen einzuwenden, als Trost für menschliches Leiden wie im Predigttext das Leiden Christi anzuführen. Auch trotz besten Vorsätzen wird es uns nicht gelingen, Leiden gänzlich aus der Welt zu schaffen. Oftmals stürzt das Leiden völlig unverhofft auf uns ein. Menschen, die aus heiterem Himmel einen Hörsturz erleben, wissen was Leiden bedeutet. Von Tinnitus Betroffene, die Tag und Nacht einen nervenzerreissenden Ton im Ohr hören, sind oftmals nahe an der Verzweiflung.

Der Bibeltext gehört zu den offiziellen Predigtabschnitten der Predigtordnung. Es ist zu fragen, ob die Abgrenzung des Textes glücklich ist oder ob sie sogar einem möglichen Missverständnis des Bibeltextes Vorschub leistet. Diejenigen, die diese Ordnung erlassen haben, haben sich meines Erachtens elegant um die Problematik des biblischen Zusammenhangs, in dem dieser Abschnitt steht, gedrückt.

Das als Predigtabschnitt gewählte Christuslied, das den leidenden Christus als Vorbild hinstellt, folgt nämlich auf eine Ermahnung an Sklaven, sogar launenhaften (Luther: „wunderlichen") Herren zu gehorchen. Ja sogar wenn die Sklaven von ihren Herren geschlagen werden, dann sollen sie dies einfach erdulden.

Diese biblische Aussage hat dem Christentum schon manche Kritik eingebracht und wir müssen uns ihr durchaus stellen. Was hier im 1. Petrusbrief steht, der in der Spätzeit des Neuen Testaments entstanden ist, ist eine durchaus problematische Entwicklung innerhalb der Schriften des Neuen Testaments, die nur aus der damaligen geschichtlichen Situation heraus zu verstehen ist. Zwar wird die Sklaverei auch in den frühen Schriften des Neuen Testaments nicht grundsätzlich in Frage gestellt. Dies wäre wahrscheinlich in der damaligen Zeit zu revolutionär gewesen, war die Sklaverei doch eine wichtige Stütze der antiken Gesellschaftsordnung. Die Christen waren auch eine kleine Minderheit, die es niemals geschafft hätte, die antike Gesellschaft komplett zu ändern. Zudem waren viele Christen damals selbst Sklaven.

Keine Herrschaftsverhältnisse in der Gemeinde

Zumindest im Ansatz hat der Apostel Paulus eine kritischere Sicht als der Verfasser des 1. Petrusbriefes. Auch wenn Paulus die Sklaverei als gegeben voraussetzt, so hinterfragt er sie doch insoweit, als zumindest in der Gemeinde Jesu Christi kein Unterschied zwischen Herren und Sklaven gemacht werden darf. In Galater 3,27ff. schreibt Paulus: „Denn ihr alle, die ihr auf Christus getauft seid, habt Christus [als Gewand] angezogen. Hier ist nicht Jude noch Grieche, hier ist nicht Sklave noch Freier, hier ist nicht Mann noch Frau; denn ihr seid allesamt einer in Christus Jesus." In den Texten im Kolosserbrief und im Epheserbrief, in denen Paulus die Sklaverei direkt anspricht, werden die Sklavenhalter zumindest ermahnt, ihren Sklaven das zu gewähren, „was recht und billig ist" (Kolosser 4,1) oder die Herren sollen „das Drohen" lassen (Epheser 6,9).

Im 1. Petrusbrief hingegen wird die Sklaverei als selbstverständlich vorausgesetzt und nicht einmal ansatzweise hinterfragt. Das Ganze wird noch dadurch überhöht, dass die Sklaven sich sogar ungerechten Herren demütig unterordnen sollen. In 1. Petrus 2,18 heisst es: „Ihr Sklaven, ordnet euch in aller Furcht den Herren unter, nicht allein den gütigen und freundlichen, sondern auch den wunderlichen." Diese Aussage scheint mir auch gesamtbiblisch betrachtet sehr problematisch zu sein. Hier ist nicht mehr viel zu spüren vom Geist eines Apostels Paulus oder vom Geist Jesu, der die Tische der Geldwechsler im Tempel umgestossen hat (Matthäus 21,12) und sich um die Schwachen und Entrechteten gekümmert hat.

Eine verfolgte Gemeinde wehrt sich nicht

Man mag dem Verfasser des 1. Petrusbriefes zugutehalten, dass er die Möglichkeit einer generellen Änderung der damaligen Gesellschaftsverhältnisse als unrealistisch ansah und es deshalb vorzog, die Sklaven zum Ausharren in ihrer schwierigen Situation anzuhalten. So wird seine Aussage zumindest verständlich.

Ein weiterer Grund dafür, warum der Verfasser des 1. Petrusbriefes die Sklaverei mit keinem Wort tadelt, mag darin bestehen, dass der Brief an eine Gemeinde gerichtet ist, die unter Verfolgung, Schmähungen und Unterdrückung zu leiden hat. Dass mit „Babylon" (1. Petrus 5,13) nicht die Stadt in Mesopotamien gemeint ist, sondern dass dies ein Deckname für „Rom" ist, ist allgemein anerkannt.

Der Hintergrund des Briefes könnte die Christenverfolgung unter dem römischen Kaiser Domitian sein. Eine verfolgte Gemeinde redet verschlüsselt vom „Verfolger". In dieser schwierigen Situation möchte man nicht noch Öl ins Feuer giessen, sondern den bedrängten Christen Trost zusprechen. Insofern kann man den Verfasser des 1. Petrusbriefes wohl nicht beschuldigen, er wolle die Sklaven nur vertrösten anstatt ihnen echten Trost zu spenden.

Die Methodisten schaffen die Sklaverei ab

Aus der damaligen Situation wird also die Aussage des Bibeltextes verständlich. Nur dürfen wir heute in einer demokratischen Gesellschaft keine Abhängigkeitsverhältnisse mehr wie die Sklaverei biblisch rechtfertigen. Man muss leider sagen. Über Jahrhunderte wurde die Sklaverei auch von der christlichen Kirche als unveränderbar angesehen und toleriert. Es waren die Methodisten in den USA, die im Jahre 1780 als erste die Sklaverei kirchlich verboten haben[103]. Sie beriefen sich auf einen Ausspruch Jesu, die sogenannte „Goldene Regel" aus Matthäus 7,12: „Alles nun, was ihr wollt, dass euch die Leute tun sollen, das tut ihnen auch! Das ist das Gesetz und die Propheten."

Keine versteckten Hörigkeiten schaffen

Niemals dürfen wir heute als Christen irgendwelche Formen von „Sklaverei" gutheissen. „Die Würde des Menschen ist unverletzlich." Gerade durch Schwerhörigkeit kann es zu neuen Formen aufgezwungener „Hörigkeit" kommen. Wenn die Pfarrerin sich weigert, ins Mikrofon zu sprechen oder der Pfarrer seinen Schnauzbart nicht so weit stutzt, dass auch seine Oberlippe sichtbar ist, dann sind schwerhörende Menschen vom Verstehen ausgeschlossen. Wenn der Kirchgemeinderat geringere Kirchensteuereinnahmen als Grund dafür angibt, warum er keine induktive Höranlage für Schwerhörige in die Kirche einbauen lässt, gleichzeitig aber die Zeiger der Kirchturmuhr neu vergolden lässt, dann „versklavt" er dadurch hörbehinderte Menschen.

Die (noch) Guthörenden dürfen niemals solche durch Behinderungen entstandenen neuen Abhängigkeitsverhältnisse zuungunsten der Betroffenen ausnützen. Das wäre die versteckte Einführung einer neuen Form von Sklaverei, wie sie längst im gesellschaftlichen Bereich abgeschafft worden ist. Trotzdem gibt es immer wieder ganz subtile Formen von „Sklaverei", die gar nicht so leicht zu durchschauen sind. Wir spielen unsere Macht gegenüber anderen aus, lassen andere spüren, wer am längeren Hebel sitzt. Wir üben psychischen Druck auf andere aus, ohne dass sich diese wehren können.

---

[103] Siegfried Schulz, Gott ist kein Sklavenhalter, Zürich / Hamburg 1972, S. 230.

Wir müssen darauf achten, dass wir zwischen Menschen nicht neue Hörigkeiten einführen, die rechtlich nicht einklagbar sind. Gerade der auf Hilfe angewiesene Mensch kann leicht „versklavt“ werden, ohne dass er sich dagegen wehren kann.

Christi Leiden als Trost

Um Christi und des Evangeliums willen müssen wir alle Hebel in Bewegung setzen, um das Leiden auf der Welt so gut wie möglich zu verringern. Ganz wird es uns zwar nie gelingen.

In solchen Situationen der Behinderung und des Leidens mag die Lösung, wie sie der 1. Petrusbrief anbietet, eine seelsorgerliche Hilfe sein. Wenn wir unser eigenes Leiden vom Leiden Christi her verstehen, dann kann es Trost für uns sein. Dann sind wir nicht mehr „wie die irrenden Schafe“. Dann dürfen wir den Fussstapfen des guten Hirten nachfolgen, der selbst den Leidensweg für uns gegangen ist.

20 «Die unsichtbar Behinderten werden von der Kirche übersehen»[104]

Einleitung: Im Auftrag der Abteilung Diakonie des Schweizerischen Evangelischen Kirchenbundes habe ich vom 5.-9.September 1994 als Gast an der vom Internationalen Verband für Schwerhörigenseelsorge e.V. (IVSS) veranstalteten Konferenz zum Thema: "Der Schwerhörige in der Ortsgemeinde" in Budapest / Ungarn teilgenommen.

Da ich mich seit einigen Jahren als Guthörender mit den besonderen Problemen der Schwerhörigen befasse und seit März 1993 (ehrenamtlich) Präsident des Schwerhörigen-Vereins Winterthur bin, wurde ich gebeten, den Schweizerischen Evangelischen Kirchenbund an dieser internationalen Konferenz zu vertreten, an der bisher noch nie ein Vertreter aus der Schweiz teilgenommen hat.

Der IVSS besteht seit 1979 und versucht, die besonderen seelsorgerlichen Anliegen der Schwerhörigen auf internationaler Ebene zu vertreten. Alle zwei Jahre findet eine internationale Konferenz statt.

Eine wichtige Erkenntnis der Konferenz war, dass Schwerhörige eine Gruppe mit einer spezifischen Behinderung sind. Sie dürfen nicht verwechselt werden mit den Gehörlosen (früher "Taubstumme" genannt), deren Behinderung eine völlig andere ist, und die sich bewusst von den Schwerhörigen abgrenzen. Gehörlose verständigen sich durch Gebärdensprache. Schwerhörige brauchen keine Gebärdensprache, da ihre verminderte Hörfähigkeit meist durch Hörgeräte und Absehen vom Mund teilweise ausgeglichen werden kann. Während die Gehörlosen eine kleine Minderheit darstellen (0.1% der Gesamtbevölkerung) rechnet man den Anteil der Schwerhörigen auf 10%. Für die 65-75jährigen liegt er bei rund 30%! (Stein Unneberg)

In seiner Eröffnungsansprache wies der Vorsitzende Dr. Karl-Heinz van Kooten auf die Bedeutung der Schwerhörigkeit mit folgenden Worten hin: *"Schwerhörigkeit ist die verbreitetste Behinderung in der Gesellschaft. Sie ist die unbekannteste Behinderung in der Gesellschaft. Weltweit nimmt die Schwerhörigkeit zu durch Lärm, Stress, Medikamente und andere Faktoren. Schwerhörigkeit bedeutet Isolation. Alle Ansätze in der Schwerhörigenarbeit haben noch keine Breitenwirkung."* Bei unserer Arbeit ginge es um "das We-

[104] Bericht zu Handen des Vorstandes des Schweizerischen Evangelischen Kirchenbundes über die Internationale Konferenz für Schwerhörigenseelsorge vom 5.-9. September 1994 in Budapest, Ungarn (stark gekürzt).

cken von Verständnis für Menschen mit einer Hörbehinderung und um die Vermeidung ihrer Abdrängung in das gesellschaftliche Abseits." Es seien "nicht allein die technischen Hilfen, die der Schwerhörigkeit Abhilfe schaffen. Das Auffangen der durch die Schwerhörigkeit bedingten psychischen und oft auch damit einhergehenden physischen Schwierigkeiten seien Akte mitmenschlicher Zuwendung und der Nächstenliebe." Besonders deutlich wurde van Kooten, als er sagte: "Wir wünschen uns einen viel stärkeren Abbau der 'administrativen Schwerhörigkeit' in kirchlichen und weltlichen Leitungsgremien, weil diese Art besonderer Schwerhörigkeit die Nöte und Probleme dieser gesellschaftlich relevanten Behindertengruppe entweder gar nicht zur Kenntnis nimmt, oder sie 'unter ferner liefen' am Rande behandelt."

Ein besonderes Glanzlicht war der Vortrag von Pastor Jan Grønborg, Odense / DK, Schwerhörigenpfarrer der dänischen Kirche und Vizepräsident des IVSS, mit dem Titel: "Schwerhörige in den Gemeinden westeuropäischer Kirchen". Hier sprach ein engagierter Praktiker. Grønborg wies auf den klaren Unterschied zwischen Gehörlosen und Schwerhörigen hin, der meist nicht beachtet werde. Er begann seinen Vortrag folgendermassen: *"Guten Tag - ich bin Schwerhörigenseelsorger!" - "Ach so! Ja, meine Tante hat auch einen alten Freund, der Gehörlosenpfarrer ist! Davon weiss ich vieles. - Sind diese Gebärden aber nicht furchtbar schwer?"*

So ungefähr hätten viele Gespräche angefangen. Denn dass es eine besondere Arbeit für Gehörlose gebe, wisse jeder. Schwerhörige dagegen - sie seien ja überall, und sie seien gar nicht kirchlich interessant, meinten die meisten.

Grønborg wies darauf hin, dass Gehörlose immer eine Sonderstellung gehabt hätten. In Dänemark durften sie früher meistens nicht konfirmiert werden. Sie hatten ja keine Sprache und konnten deshalb weder den Katechismus noch das Vaterunser auswendig lernen.

In unserem Jahrhundert seien die Gehörlosen als eine sprachliche Minorität anerkannt. Innerhalb der Kirchen gäbe es jetzt besondere Gemeinden von Gehörlosen mit besonderen Pfarrern, die Gebärdensprache benutzten.

Schwerhörige hingegen seien keine klar abgegrenzte Gruppe wie die Gehörlosen, die gehörlos geboren worden sind. Schwerhörige gehören prinzipiell und praktisch in die Gemeinschaft der Normalhörenden. "Es wird nie eine natürliche Gemeinschaft der Schwerhörigen geben wie die Gemeinschaft der Gehörlosen. Der Gehörlose ist nämlich nur dann behindert, wenn er mit Hörenden zusammen ist. In seiner eigenen Gruppe ist er nicht behindert - er meistert ja die Sprache perfekt: Gebärden.

Der Schwerhörige dagegen ist in allen Zusammenhängen behindert: Unter Hörenden, weil er wenig hört, und unter andren Schwerhörigen, weil er auch sie nicht hört.

Sogar ist es für ihn oft schwieriger, einen anderen Schwerhörigen zu verstehen, als einen Normalhörenden zu verstehen. Denn viele, die sehr schwerhörig sind, sprechen undeutlich - manchmal sind sie auch für Normalhörende schwer zu verstehen, weil sie die eigene Stimme nicht mehr gut hören."

Grønborg wies ferner auf die besonderen Probleme der Schwerhörigen innerhalb der protestantischen Tradition im Unterschied zur katholischen und orthodoxen hin. Dort sei die Liturgie, die zudem immer dieselbe sei, viel wichtiger als die Predigt. Der schwerhörige Katholik wisse, was in der Messe geschehe und warum. Von seiner Kindheit an habe er die Bedeutung der Messe kennengelernt. Nur die relativ kurze Predigt des Priesters verstehe er nicht.

Auch der orthodoxe Gottesdienst wende sich an alle Sinnen. Neben der Liturgie würden die Ikonen einen ganz zentralen Teil der Verkündigung im Gottesdienst bilden. Auch hier könne der Schwerhörige mit Freude am Gottesdienst teilnehmen.

Grønborg sieht darin eine Erklärung, warum bis jetzt fast nur Protestanten an der kirchlichen Schwerhörigenarbeit (international) teilnehmen.

Ferner gab Grønborg einen Überblick über einzelne Länder. Besonders in Dänemark und in Deutschland sei die kirchliche Schwerhörigenarbeit gut ausgebaut. In Deutschland habe fast jede Landeskirche wenigstens einen Mitarbeiter, der die Verantwortung für die Schwerhörigenseelsorge in der Landeskirche trage. Diese Arbeit werde durch die Arbeitsgemeinschaft für Evangelische Schwerhörigenseelsorge AFESS koordiniert.

In Schweden, Norwegen und Finnland hätten sich die Kirchen bemüht, die Kirchenräume mit induktiven Ringschleifen-Anlagen auszurüsten. Probleme gäbe es, weil die Anlagen oft technisch nicht gut seien oder nicht regelmässig kontrolliert würden. Pfarrer Ari Suutarla aus Finnland [der ebenfalls an der Konferenz war] habe erzählt, dass er zusammen mit einem Vertreter des finnischen Schwerhörigenbundes an einem Tag im vorigen Jahr in zehn Kirchen in Helsinki gegangen sei. Alle Kirchen seien mit Ringschleifen-Anlagen ausgerüstet gewesen. Nur in einer Kirche habe die Anlage gut funktioniert. In den übrigen neun Kirchen hätten Pfarrer und Kirchenpflege gedacht, dass sie den

Schwerhörigen gute Verhältnisse bieten würden. Niemand habe ihnen gesagt, dass der gute Wille nicht von guten Resultaten begleitet war.

Die schwedische Kirche, die norwegische Kirche und die finnische Kirche werden nächstes Jahr Vertreter zu einem Seminar schicken, wo sie etwas über Schwerhörige in der Ortsgemeinde lernen werden. Denn die Kirchen hätten eingesehen, dass obwohl man keine besonderen Schwerhörigenseelsorger haben wolle, es doch in der Kirche einige Personen geben müsse, die die Ortsgemeinden und die Gemeindepfarrer beraten könnten.

Vorbildliche Arbeit sei in Norwegen geleistet worden. Der norwegische Kirchenrat habe 1993 ein Rundschreiben an alle Ortsgemeinden geschickt. Darin würden gründlich und pädagogisch geschickt die Probleme der Schwerhörigen beschrieben und sehr gute Anweisungen für induktive Schwerhörigenanlagen (Ringleitungen) gegeben. In Zusammenarbeit mit technischen Experten habe man letztes Jahr 75 Techniker aus ganz Norwegen ausgebildet, die gute induktive Schwerhörigenanlagen in Kirchen einbauen könnten.

In Dänemark seien zwei Pfarrer hauptamtlich als Schwerhörigenseelsorger angestellt. Ausserdem arbeiteten ungefähr 75 Pfarrer nebenamtlich als Schwerhörigenseelsorger in den Regionen.

Es gebe bewusst keine speziellen Schwerhörigengemeinden. Jeder Schwerhörige werde dazu aufgefordert, am Leben seiner eigenen Ortsgemeinde teilzunehmen. Die hauptamtlichen Schwerhörigenseelsorger berieten hauptsächlich Kollegen und Kirchenpflegen mit der Absicht, dass Schwerhörige in jeder Ortsgemeinde besser integriert würden. Vielfach gehe es bei der Beratung um technische Probleme. Die Arbeit habe dazu geführt, dass die meisten dänischen Kirchen einen sehr hohen Standard hätten, was induktive Schwerhörigenanlagen (Ringschleifen) betrifft. Als Schwerhörigenseelsorger hätten sie eine enge, konstruktive - und kritische - Zusammenarbeit mit den drei dänischen Spezialfirmen für Kirchenbeschallung angestrebt. Im Ausland sei davon nur die Firma Oticon bekannt (deren Cheftechniker an der Konferenz in Budapest anwesend war, eine ausgezeichnet funktionierende induktive Schwerhörigenanlage installiert hat, Geräte vorgeführt hat, Rede und Antwort gestanden ist und sich technisch "ausquetschen" liess). Weniger qualifizierte Firmen würden vom Markt verdrängt, damit die Ortsgemeinden immer nur das Beste bekämen.

Die Beratung gelte jedoch nicht nur der Technik, sondern auch den seelsorgerlichen Fragen im Umgang mit schwerhörigen Menschen.

Die soziale Seite der Konferenz wurde bei einem Empfang am Eröffnungsabend gepflegt. Eine Busfahrt mit Besichtigung Budapests und anschliessendem gemeinsamen Abendessen in einem noblen Restaurant ganz in der Nähe der Schweizer Botschaft, vorbildlich organisiert von Oberministerialrat Dr. Zoltan Aranyos, war ein besonderer Höhepunkt der Tagung. Dass die für diesen Abend speziell engagierten berühmten Künstler der Budapester Oper, Zilla Ötvön und István Róka, eingewilligt haben, ein drahtloses Ansteckmikrofon für ihren Gesangsvortrag zu benützen, um so den hörbehinderten Tagungsteilnehmern die Möglichkeit des induktiven Hörens zu geben, sei lobend erwähnt. Die technischen Voraussetzungen stellte der Cheftechniker der dänischen Firma Oticon Lydsystemer, Nils-Erik Rasmussen, bereit, der kurzfristig im Saal des Restaurants eine Ringleitung installiert hatte.

21 Das seelsorgerliche Gebet mit Schwerhörigen[105]

Vorbemerkung: Man geht heute davon aus, dass 10% der Bevölkerung schwerhörig sind (andere Schätzungen sprechen von 17 – 20%). Bei den über 65jährigen ist es jede dritte Person. Dennoch wird diese „Behinderung" vielfach „übersehen", weil es eine unsichtbare Behinderung ist. Durch die falsche Identifikation von Schwerhörigkeit mit geistiger Behinderung wird Schwerhörigkeit von den Betroffenen vielfach versteckt. Diesem fatalen Missverständnis leistet auch unsere Sprache Vorschub, denn das Wort „taub" und „doof" kommen von der gleichen sprachlichen Wurzel. Hier ist noch viel Aufklärungsarbeit zu leisten.

Einem weiteren Missverständnis leistet die Verwechslung von Schwerhörigen und Gehörlosen Vorschub. Es sind zwar zwei verwandte Behinderungen, die beide mit dem Hörsinn zu tun haben. Werden sie aber miteinander vermischt, so wäre dies gleich, wie wenn man Kontaktlinsenträgern Blindenstöcke offerieren würde und Blinden die neuste Kollektion von Kontaktlinsen zeigen wollte.

Während die Gehörlosen in der Schweiz seit Jahrzehnten durch eigene Gehörlosenpfarrämter seelsorgerlich betreut werden, wird die grosse Zahl schwerhörender Menschen in den reformierten Kirchen immer noch „übersehen".

Obwohl Schwerhörigkeit eine Behinderung ist, die besonders ausgeprägt im Alter auftritt (der grösste Teil unserer Gottesdienstbesucherinnen und –besucher!), nimmt die Zahl der jüngeren Schwerhörigen durch die exzessive Lärmbelastung (Disco, Walkman usw.) immer mehr zu. Nach einer jüngsten Untersuchung aus der Schweiz haben bereits 30 Prozent der Jugendlichen solche Hörschäden, dass sie für bestimmte Berufe (z.B. Pilot) gar nicht mehr in Frage kommen.

In der Praktischen Theologie (Homiletik, Poimenik) ist das Problem der Schwerhörigkeit als Schwierigkeit im Kommunikationsprozess bisher praktisch (!) nicht behandelt worden[106], obwohl bei Unkenntnis der spezifischen

[105] Kurzreferat im Seelsorge-Seminar „Das Gebet in der Seelsorge" (Leitung: Prof. Dr. Ellen Stubbe), Universität Zürich, Sommersemester 1998. Während meines Studienurlaubs habe ich wieder die „Schulbank gedrückt" und an diesem Seminar teilgenommen. Jeder Seminarteilnehmer musste ein Kurzreferat halten.

[106] Eine löbliche Ausnahme bildet der Beitrag von Dietfried Gewalt, Trost im Alter für Hörgeschädigte, in: Wege zum Menschen 48. Jahrgang 1996, S. 432-438.

Probleme schwerhörender Menschen die Kommunikation mit vielen Gemeindegliedern extrem erschwert wird.

Die folgenden pastO(h)raltheologischen „Zehn Gebote“ sollen helfen, seelsorgerliche Gespräche und seelsorgerliche Gebete so zu führen, dass Schwer-Hörern des Wortes das Verstehen erleichtert wird und Missverständnisse weitgehend vermieden werden:

1) Schwerhörige sind Augenmenschen. Achten Sie beim Gespräch und beim Gebet darauf, dass die Seelsorgeperson Ihr Gesicht (und vor allem Ihre Lippen) gut sehen kann. Bestimmte Laute (vor allem Zischlaute, die im Hochtonbereich liegen, z.B. f, s, sch) können oftmals trotz Hörgerät akustisch nicht mehr unterschieden werden. Wenn die schwerhörende Person Ihr Lippenbild sieht, kann sie klar erkennen, ob Sie z.B. „fein“ oder „Schein“ sagen.

2) Bei schwerhörenden Menschen, die (noch) kein Hörgerät haben (leider immer noch die Mehrzahl der Menschen mit Hörschwierigkeiten!) müssen Sie sehr nahe an die Seelsorgeperson herantreten und der betreffenden Person das Gebet ins Ohr sagen. Schwerhörige, die ein Hörgerät besitzen, sollten es unbedingt beim Gespräch und beim Gebet tragen. Motivieren Sie die schwerhörende Person beim Hausbesuch, das Hörgerät, das leider vielfach in der Schublade ruht, zu tragen. Vergewissern Sie sich, dass das Hörgerät auch tatsächlich funktioniert (Pfeifkontrolle: Wenn das Hörgerät nicht pfeift, wenn Sie Ihre Hand vor die Schallaustrittsöffnung des Ohrpassstücks halten, dann ist es entweder nicht angestellt [Position 0 anstatt Position M = Hörgerätemikrofon] oder auf Position T (= IndukTiv-Empfang bei induktiven Höranlagen) gestellt oder die Batterie ist leer (oder nicht polrichtig eingelegt). Bei Spitalbesuchen oder in Krankenheimen bitten Sie das Personal, der schwerhörigen Patientin oder dem schwerhörigen Patienten das Hörgerät anzuziehen (falls sie / er es nicht selbst kann; z.B. Arm im Gips, einseitige Lähmung).

3) Setzen Sie sich so, dass Sie der schwerhörigen Seelsorgeperson in das Ohr reden, in dem sich das Hörgerät (und damit auch das Hörgerätemikrofon) befindet und nicht ins andere Ohr (die binaurale Versorgung ist heute vor allem bei der älteren Generation noch die Ausnahme).

4) Eine besondere Schwierigkeit des seelsorgerlichen Gebets mit Schwerhörigen besteht darin, dass es üblich ist, beim Gebet die Augen zu schliessen. Damit entfällt das für die schwerhörende Person so wichtige Absehen des Gesagten von den Lippen. Vielleicht ist es sinnvoll, die schwerhörige Seelsorgeperson zu ermuntern, auch während des Gebets die Augen

nicht zu schliessen. Es ist auch sinnvoll, wenn Sie die Augen während des Gebets nicht schliessen und die Person direkt ansehen.

5) Achten Sie bei der Wahl des Sitzplatzes auf den Lichteinfall im Zimmer. Wenn Sie vor dem Fenster sitzen, dann sitzen Sie im Gegenlicht und die schwerhörende Seelsorgeperson sieht Ihr Gesicht nur als Silhouette und kann nicht von den Lippen absehen. Bei Schwerhörigen dürfen Sie sich bewusst ins „Rampenlicht" stellen, denn das fördert das Hören und Verstehen!

6) Artikulieren Sie deutlich (aber nicht übertrieben). Reden Sie laut, aber schreien sie nicht. Schreien nützt nämlich Schwerhörenden nichts[107], denn dann „verschlägt" es alles. Seelsorger dürfen theologisch Barthianer[108] sein, wenn sie aber einen Bart(h) im Gesicht tragen, so sollte der Schnauzbart so getrimmt sein, dass die schwerhörende Person auch die Oberlippe sehen kann, denn zum Absehen des Gesagten von den Lippen ist das gesamte Mundbild (inklusive Oberlippe!) nötig. Man(n) zeigt Oberlippe! Seelsorgerinnen dürfen ihre Lippen dezent schminken, denn das erleichtert der schwerhörenden Person das Absehen der Lippenbewegungen.

7) Achten Sie darauf, dass während des seelsorgerlichen Gesprächs und speziell während des seelsorgerlichen Gebets der Umgebungslärm möglichst gering ist (bitten Sie höflich die Zimmernachbarn, für diese Zeit das Hausradio oder den Fernsehapparat abzustellen).

8) Aus hygienischen Gründen wird in Spitälern und Krankenheimen auf textile Bodenbeläge und auf dicke Vorhänge verzichtet. Glatte Böden, glatte Wände und glatte Decken machen aber einen Raum extrem hallig. Der Nachhall wird vom Hörgerätemikrofon ebenfalls verstärkt und erschwert das Verstehen. Falls dies möglich ist, dann gehen Sie mit der Seelsorgeperson in ein akustisch besseres Zimmer („Stübli" mit Spannteppich, dicken Vorhängen, Couch und Sesseln). Falls dicke Vorhänge vorhanden sind, so können Sie die Widerhall-Situation verbessern, indem Sie die Vorhänge ziehen.

9) Oftmals haben Schwerhörige (mit Hochtonverlust) mehr Mühe, hohe Frauenstimmen zu verstehen als abgrundtiefe Männerbässe. Versuchen Sie

[107] Vgl. jetzt dazu das ausgezeichnete Buch von Katherine Bouton, Shouting won't Help (Schreien nützt nichts) Why I and 50 Million Americans can't hear you, New York 2014. Die Autorin war Wissenschafts-Redakteurin bei der „New York Times" und beschreibt ungeschminkt ihre persönliche Leidensgeschichte mit ihrer Schwerhörigkeit. Im Buch lässt sie auch andere Betroffene zu Wort kommen.

[108] Schüler und Anhänger des berühmten Schweizer Theologen Karl Barth, der während der Naziherrschaft in Deutschland lehrte und zur sogenannten „Bekennenden Kirche" gehörte, die sich klar von den regimefreundlichen Aussagen der sogenannten „Deutschen Christen" absetzte.

deshalb als Seelsorgerin Ihre Stimme möglichst tief zu halten (lässt sich trainieren) und Ihren „Heimvorteil“ gegenüber den Herren der Schöpfung durch die Verwendung eines Lippenstiftes (siehe oben) auszuspielen.

10) Feste Gebete (Psalmen / Vaterunser / Unser Vater) können möglicherweise von der schwerhörenden Seelsorgeperson besser verstanden werden, weil diese Texte oftmals bereits bekannt sind (oder zumindest Teile davon). Bei frei formulierten Gebeten ist es besonders wichtig, dass Sie alle obigen „Spielregeln“ beachten, welche das Hören und Verstehen erleichtern.

Übrigens sind Ihnen auch guthörende Seelsorgepersonen dankbar, wenn Sie obige „Zehn Gebote“ beachten.

22 Schwer*hörigkeit* er**leicht***ern.*

Praktische Tipps im Umgang mit Hörbehinderung in Seelsorge und Pfarrei[109]

Das **Hörgerät** oder **Cochlea Implantat** (CI) stellt eine enorme Hilfe für Hörbehinderte dar besonders im Zweiergespräch in ruhiger Umgebung. Auch das mit modernster Computertechnologie bestückte Hörgerät / CI kommt dort an seine Grenzen, wo die Distanz zum Sprachsignal gross ist (Kirche), es sehr viel Nachhall gibt (Kirche, Pfarreisaal) und das Sprachsignal durch Nebengeräusche (Husten, Räuspern) verdeckt (maskiert) wird. Hier kommen indukTive Höranlagen zum Einsatz, welche das Mikrofon-Signal der sprechenden Person drahtlos über eine unsichtbar im Boden verlegte Induktionsschleife direkt auf die IndukTionsspule (Telefonspule, T-Spule) im Hörgerät übertragen.

Die **indukTive Höranlage** (auch Ringleitung genannt) ist bis heute die kostengünstigste (vor allem wenn bereits in der Rohbauphase geplant), am einfachsten bedienbare (eigenes Hörgerät von M auf T umstellen) und psychologisch unproblematischste Technologie (keine für alle sichtbaren Zusatzgeräte wie bei Infrarot-Übertragung oder Funk (FM) -Übertragung nötig) für den stationären Einsatz und wird weltweit immer noch von den direkt Betroffenen favorisiert.

Eine einmal normgerecht installierte und einjustierte indukTive Höranlage ist völlig wartungsfrei!

Das Absehen der Sprachlaute von den Lippen erleichtert das Verständnis

1) Ist das Gesicht der redenden Person (Pfarrer, Lektorin) beleuchtet, damit das Mundbild gut sichtbar ist? (Abhilfe: Ambo-Beleuchtung)

2) Steht die sprechende Person vor einer Glaswand / einem Fenster und damit im Gegenlicht? (Abhilfe: Vorhang ziehen oder Platz wechseln)

3) Kneift die sprechende Person die Lippen zusammen oder artikuliert sie deutlich? (Abhilfe: Übung mit Korkenzapfen)

Wider den Widerhall - Raumakustik mit möglichst wenig Nachhall

4) Sind die (schallabsorbierenden) Vorhänge im Pfarreisaal zugezogen, damit möglichst viel Nachhall geschluckt wird? Nachhall ist Gift für die Sprachver-

---

[109] Merkblatt. Vortrag am 8. März 2007 im Pfarreizentrum St. Anton, Zürich auf Einladung von Schwerhörigenseelsorger lic. theol. Erich Jermann von der Katholischen Behindertenseelsorge des Kantons Zürich.

ständlichkeit (Abhilfe: Dichte Vorhänge mit hohem Schallabsorptionskoeffizient montieren lassen)

5) Hat es (beim Altersmittagessen) auf den Tischen textile Tischdecken (wenn möglich mit Tischmoltons darunter), welche den „Lärm“ des Porzellans dämpfen? (Abhilfe: Tischdecken (Papiersets nützen zu wenig) und Tischmoltons anschaffen, Papieruntersetzer zwischen Tasse und Untertasse)

Räume mit mobiler indukTiver Höranlage

6) Hat es im Raum eine mobile indukTive Höranlage? (Abhilfe: Anlage installieren)

7) Spricht die redende Person immer ins Mikrofon, auch dann, wenn sie etwas an der Tafel, der Flip Chart, oder der Leinwand erklärt? (Abhilfe: drahtloses Kopfbügelmikrofon [„Madonna“-Mikrofon]

Räume mit fest installierter indukTiver Höranlage

8) Ist die indukTive Höranlage eingeschaltet? (Sollte so geschaltet sein, dass sie automatisch mit der Lautsprecheranlage eingeschaltet wird) (Abhilfe: Einschalten)

9) Ist die induktTive Höranlage auf dem heutigen technischen Stand, d.h. erfüllt sie die seit 1981 gültige bzw. 1998 und 2006 revidierte Schweizer und internationale Norm SN EN 60118-4: 2006 vor allem beim Frequenzgang?

Leider gibt es immer noch in Kirchen indukTive Höranlagen, welche einen Lautsprecher-Verstärker (*Spannungs*-Verstärker) anstatt einen nur für indukTive Höranlagen entwickelten *Konstantstrom-Verstärker* einsetzen. Der Spannungsverstärker liefert technisch bedingt ein schlechtes Signal in den für die Sprachverständlichkeit so wichtigen hohen Frequenzen. Deshalb sollten bei Neuinstallationen und Renovationen nur noch spezielle Konstantstrom-Verstärker eingesetzt werden.

Von einem von Pro Audito Schweiz zertifizierten Messtechniker ausmessen lassen (schriftliches Messprotokoll), (Abhilfe: bei Renovation Anlage ersetzen, Vorschrift gemäss Behindertengleichstellungsgesetz)

10) Sitze ich an einem ungünstigen Platz? Dies dürfte nur der Fall sein, wenn die IndukTionsschleife nicht korrekt verlegt worden ist (z.B. direkt unter den Kirchenbänken verläuft). Direkt über der Schleife ist das Signal Null. (Abhilfe: Platz wechseln)

Probleme mit dem Hörgerät / CI

11) Ist das Hörgerät / CI auf Position T (= IndukTivempfang) umgestellt? (Abhilfe: umstellen)

12) Ist bei meinem Hörgerät mit mehreren Programmen das IndukTiv-Programm (auch Telefonspule genannt) vom Hörgeräteakustiker gar nicht programmiert worden? (Abhilfe: Vom Hörgeräteakustiker umprogrammieren lassen, dauert 5 Minuten)
13) Hat mein Hörgerät gar keine IndukTionsspule? (Sämtliche[110] Hinter-dem-Ohr-Hörgeräte haben serienmässig eine T-Spule eingebaut, bei Im-Ohr-Hörgeräten ist die IndukTionsspule als Option erhältlich, die winzigen Completely-in-the-Canal CIC-Geräte haben aus Platzgründen keine T-Spule ebenso neuere Geräte mit offener Versorgung [nur sinnvoll bei sehr geringem Hörverlust]) (Abhilfe: IndukTivempfänger mit Kopfhörer (z.B. Ampetronic ILR3) von Sakristan ausleihen)
14) Habe ich Hörschwierigkeiten in der Kirche, möchte aber noch kein Hörgerät? (Abhilfe: IndukTivempfänger mit Kopfhörer benutzen)

[110] Leider ist dies heute (2014) nicht mehr der Fall. Alle in der Schweiz verkauften Hörgeräte müssen zuvor vom Bundesamt für Metrologie (METAS) (jetzt Eidgenössisches Institut für Metrologie) geprüft werden. Die Liste der zugelassenen Geräte ist öffentlich zugänglich: Liste der Hörgeräte, für die eine Vergütung durch IV und AHV gemäss den Verordnungen HVI und HVA (gültig ab 1. Juli 2011) zugelassen ist. http://www.metas.ch/metasweb/Fachbereiche/Akustik/PDFs/H%C3%B6rger%C3%A4te/HG_LISTE.pdf So kann man selbst nachprüfen, ob das Gerät eine „Telefonspule“ hat oder nicht.

23 Gut hören ohne Pfeifen mit induktiven Schleifen

Die Position T am Hörgerät[111]

«Meinerseits habe ich vorgestern Ihren Empfehlungen nachgelebt und anlässlich der Abdankungsfeier für Div. a. D. ... in der Kirche Frauenfeld das induktive Hören ausprobiert. Welch ein Genuss dies gewesen ist, nachdem ich alles verstanden wie auch den Oratorienchor und die Orgelspiele weitgehend unverzerrt in mich aufgenommen habe. Die Kirche ist also ebenfalls mit einer Ringleitung ausgerüstet...»

So schrieb der schwerhörige Doktor der Elektrotechnik ETH, B. G., an den Verfasser. Trotz Hörgerät hatte B. G. kurze Zeit vorher bei einer Abdankung (Trauerfeier) in Winterthur nichts von der Predigt verstanden. Ihm war nämlich nicht bekannt, dass er sein eigenes Hörgerät auf Position T hätte umstellen müssen, um in den «Hörgenuss» zu kommen.

Tipps für Schwerhörende mit Hörgerät

Wenn in der Kirche, der Mehrzweckhalle, dem Vortragssaal, dem Bankettsaal oder in anderen öffentlichen Gebäuden eine induktive Höranlage vorhanden ist, dann können Hörgeräteträger alle Vorteile ihres Hörgerätes ausnützen.

Bei der induktiven Höranlage für Schwerhörige handelt es sich um eine Drahtleitung, die aus ästhetischen Gründen nicht sichtbar im Raum verlegt ist. Die induktive Höranlage ist nicht zu verwechseln mit einer normalen Lautsprecheranlage, deren Lautsprecher sichtbar montiert sind. Solche Lautsprecheranlagen sind für Guthörende geeignet, Schwerhörige profitieren davon zu wenig oder gar nichts.

Damit auch Schwerhörige das gesprochene Wort gut verstehen können, müssen weitere Voraussetzungen erfüllt sein:

Normalerweise haben Hörgeräteträger ihr Hörgerät auf Position M (Mikrofon) eingestellt. Das ins Hörgerät eingebaute Mikrofon verstärkt so den Schall und überträgt ihn via Hörgerät aufs Ohr. Der Nachteil dabei ist, dass das eingebaute Mikrofon natürlich auch den Umgebungslärm verstärkt. Dies erschwert das Verstehen, vor allem, wenn mehrere Personen gleichzeitig reden («Restaurant-Situation»).

In Gebäuden, in denen eine induktive Höranlage installiert ist, können Hörgeräteträger den für das Sprachverständnis schwierigen Nachhall und auch den

[111] In: dezibel. Zeitschrift für Hören und Erleben 7-8/1996, S. 24-27.

störenden Umgebungslärm (z.B. wenn die Nachbarin sich räuspert) völlig ausschalten, indem sie ihr Hörgerät auf Position T stellen.

Am Hörgerät befindet sich ein kleiner Kippschalter[112], der normalerweise drei Positionen hat: 0 (= Gerät ausgeschaltet), T (= T-Spule/IndukTionsspule; für induktives Hören) und M (= Mikrofon; für das normale Gespräch mit anderen Menschen). Manche Hörgeräte haben zusätzlich zu T die Position MT (sie kann auch für induktives Hören gewählt werden; der beste Empfang ist jedoch in der Position T).

Für Kirchen und Vortragssäle mit induktiven Höranlagen (Ringleitungen) muss also das Hörgerät auf Position T oder MT umgestellt werden.

Wenn im Hörgerät nur eine schwache Induktionsspule eingebaut ist, muss der Benutzer eventuell beim induktiven Hören (T-Position) zusätzlich die Lautstärke des Gerätes am Lautstärkeregler auf Maximum stellen.

Wenn das Hörgerät auf T oder MT eingestellt ist, kann der Schwerhörige irgendwo im Raum sitzen. Der Empfang sollte nämlich auf allen Plätzen gleich gut sein. Es empfiehlt sich sogar, nicht direkt neben einem Lautsprecher zu sitzen.

Falls jemand das Gefühl hat, an seinem Platz sei der Empfang nicht gut, dann versuche er es doch zunächst damit, dass er den Kopf drehe[113], bis er den richtigen «Empfang» hat.

Ein leichtes Brummgeräusch im Hörgerät ist beim induktiven Hören immer da, da die Induktionsspule auch den «Eigenbrumm» anderer elektrischer Ge-

---

[112] Heute (2014) sind es meistens Druckschalter, die je nach Programm einen, zwei, drei oder vier Pieptöne abgeben. Ein Mitglied unseres Vereins hat mich darauf aufmerksam gemacht, dass sein Widex-Hörgerät das gewählte Programm sogar akustisch angibt (z.B. hört er dann „Telefonspule“). So weiss er immer, in welchem Hörprogramm er sich befindet.

[113] Normalerweise ist die Induktions-Empfangsspule im Hörgerät oder im Sprachprozessor des Cochlea Implantats so eingebaut, dass sie bei gerader Kopfhaltung senkrecht steht, damit die magnetischen Feldlinien der IndukTiven Höranlage möglichst senkrecht durch die Spule gehen. Die Firma Cochlear hat in die neuste Generation ihrer CI-Sprachprozessoren die Induktionsspulen quer statt senkrecht eingebaut (fürs Telefonieren optimiert). Wenn nun im Vortragssaal eine IndukTive Höranlage eingebaut ist, so müsste der CI-Träger mit seitlich geneigtem Kopf induktiv hören.
Dr. Bernd Strauchmann, Leiter des CI-Zentrums des UniversitätsSpitals Zürich, hat mich im August 2014 darauf hingewiesen, dass die Firma Cochlear das Problem erkannt habe und jetzt ein kleines Zusatzgerät („Loop Booster“ genannt) anbiete, bei dem die Induktionsspule wieder senkrecht stehe. Gemäss Auskunft von Mathias Aeberhardt, Geschäftsführer Cochlear AG (Schweiz), am CI-Forum vom 25. Oktober 2014 in Bern ist der „Loop Booster“ inzwischen auch in der Schweiz erhältlich. „Der Nucleus® Induktionsschleifen-Empfänger (englisch: Loop Booster) ist für Träger von Nucleus® CP810 und CP910 Soundprozessoren vorgesehen.“

räte überträgt. Wenn das Signal der induktiven Höranlage jedoch stark genug ist, wird der «Brumm» übertönt, sobald ins Mikrofon gesprochen wird.

Vorteile der Position T

Wenn das Gerät auf T gestellt ist, hört der Hörgeräteträger das gesprochene Wort nicht mehr über die Lautsprecher oder direkt von der Rednerin oder vom Redner, sondern die Sprache wird via Rednermikrofon und Verstärkeranlage direkt auf die im ganzen Raum vorhandene Induktionsleitung übertragen. Die Induktionsleitung «sendet» dann die Töne direkt auf das Hörgerät. Das hat den Vorteil, dass auch keine sonstigen störenden Nebengeräusche mehr wahrgenommen werden und das Hörgerät auch nicht «pfeifen» kann. In der Position T ist das Hörgerätemikrofon abgeschaltet. Deshalb kann es nicht zur Rückkopplung («lästiges Pfeifen») kommen, auch wenn die Lautstärke am Drehrädchen auf Maximum gestellt wurde.

Die meisten «Hinter-dem-Ohr- (HdO)-Hörgeräte» und Hörbrillen sind mit dieser Umschaltmöglichkeit auf T ausgerüstet.

Achtung: Nur wenige «Im-Ohr- (IO)-Hörgeräte» haben diese Umschaltmöglichkeit, da bei diesen Geräten meist der Platz für den Einbau einer Induktionsspule fehlt![114] Generell sind die äusserlich kaum sichtbaren «IO»-Hörgeräte leistungsschwächer als die «HdO»-Hörgeräte. Mit «Im-Ohr-Hörgeräten» kann man nur induktiv hören, wenn eine Induktionsspule eingebaut werden kann!

Worauf Rednerinnen und Redner achten sollten

Die induktive Höranlage stellt auch Anforderungen an die Redenden. Denn die Hörbehinderten, die ihr Hörgerät auf T umgestellt haben, hören nur das, was über das Redner-Mikrofon kommt. Die Ringleitung wirkt wie ein Sender. Das Sendesignal wird aber nur über das Mikrofon aufgenommen. Eine laute Stimme allein nützt den Hörgeräteträgerinnen und -trägern nichts! Der Redner muss direkt ins Mikrofon reden, sonst herrscht bei den Hörbehinderten, die ihr Hörgerät auf Position T gestellt haben, «Funkstille».

Kirchen ohne Lautsprecheranlagen

Es gibt kleine Kirchen, in denen es keine Lautsprecheranlage für die noch Guthörenden braucht, in denen jedoch für die Schwerhörigen eine induktive Ringleitung verlegt ist. Eine solche Anlage funktioniert aber nur, wenn sie

[114] Ist inzwischen technisch auch möglich.

auch eingeschaltet wird[115] und wenn die Pfarrerin oder der Pfarrer das Mikrofon benutzt![116]

---

[115] „Die akustische Aufgabe, die Entfernung zwischen Zuhörer und Sprecher zu vermindern, ist Leitmotiv für das ‚induktive Hören': Anstelle des im Hörgerät eingebauten Mikrofons tritt ein Ersatzmikrofon, das sich dicht am Redner befindet. Es speist mit verstärkter elektrischer Energie eine Drahtschleife, die z.B. im Fussboden der Aula verlegt ist. Hier entsteht ein niederfrequentes elektromagnetisches Feld, das im wesentlichen senkrecht zum Fussboden des Raumes gerichtet ist. Seine Feldstärke wird im Rhythmus der Sprachschwingungen moduliert und ist auf die Aufnahmenfähigkeit der Hörspule im Hörgerät angepasst worden.
Die Hörgeräte, die von den Schülern getragen werden, enthalten eine ‚Hörspule'. Sie wirkt als Empfänger in diesem niederfrequenten elektromagnetischen Feld und tritt an die Stelle des im Hörgerät eingebauten Mikrofons. Die grösste Aufnahmefähigkeit hat die Hörspule, wenn ihre Achse mit der Richtung des elektromagnetischen Feldes übereinstimmt. Deshalb sind die Hörspulen in Hörgeräten so angeordnet, dass ihre Achse bei normaler Trageweise etwa senkrecht zum Boden steht. Die im Fussboden verlegte Schleife und die Hörspule wirken wie ein lose gekoppelter Übertrager, der das Rednermikrofon mit dem Eingang des Hörgeräts drahtlos verbindet.Wegen der flächenhaften Ausdehnung des elektromagnetischen Feldes können alle Schüler an jeder Stelle des Gemeinschaftsraumes praktisch gleich gut den in ihr Ersatzmikrofon Sprechenden hören". Werner Güttner, Hörgerätetechnik, Stuttgart 1978, S. 137.

[116] „In einem *halligen Raum*, beispielsweise dem Schiff einer Kirche lässt sich nur durch *langsameres Sprechtempo* mit deutlichen Pausen zwischen den Sinnabschnitten eine bessere Verständlichkeit erreichen." Gerhart Lindner, Pädagogische Audiologie. Ein Lehrbuch zur Hörerziehung, Berlin 1992, S. 51f. „Der Abstand des Nutzschallpegels zum Störschall, zu dem auch der Nachhall zu rechnen ist, kann erheblich durch einen kurzen Mund-Mikrophon-Abstand (30-40 cm) verbessert werden." Ebd., S. 52.
Vergleiche dazu jetzt: Beschallungsanlagen für Sprache. Empfehlungen für Architekten und Bauherrschaften, herausgegeben von der Schweizerischen Gesellschaft für Akustik, Luzern 2001 (Abschnitte 8.3 Mikrofone und 10.1 Sprechen mit dem Mikrofon) und Kurt Eggenschwiler, Siegfried Karg, David Norman, Beschallungsanlagen, Höranlagen und Raumakustik (Hörbehindertengerechte Gestaltung), Zürich 2002, S. 17-21.

24 Wider den Widerhall !

Raumakustik und indukTive Höranlage[117]

Spannteppiche, dicke Übervorhänge an den Fenstern und mit Stoff-Tischtüchern bedeckte Tische vermindern den für die Sprachverständlichkeit so störenden Widerhall. Im eigenen Heim kann man so für eine schwerhörigengerechte Raumakustik sorgen. In öffentlichen Räumen hingegen hat man meist wenig Einfluss auf die Akustik.

Der Raumakustik wird oftmals auch von den Architekten zu wenig Beachtung geschenkt. Glatter pflegeleichter Steinboden, Gipsdecken[118] ohne spezielle Schallabsorption, Tische aus Metall ohne Tischdecken, kahle Wände, fehlende dichte Vorhänge, weil man den Raum hell erscheinen lassen will, das alles ist letztlich Gift für eine gute Sprachverständlichkeit.[119]

Auch bei einer Lautsprecheranlage kann der Widerhall im Raum zu Problemen führen. Zudem hat die Wahl des Mikrofontyps Einfluss auf die Sprachverständlichkeit und das Rückkoppelungsverhalten (Pfeifen) des Mikrofons.

Viele Redner möchten am liebsten ein Mikrofon, dem sie nicht zu nahe treten müssen. Doch die Gesetze der Physik können beim besten Willen nicht aufgehoben werden. Der Schalldruck nimmt mit der Distanz im Quadrat ab. Ein Mikrofon mit nierenförmiger Richtcharakteristik und diszipliniertes Sprechverhalten ergeben immer noch die besten Ergebnisse hinsichtlich Sprachverständlichkeit.

---

[117] In: dezibel. Zeitschrift für Hören und Erleben 12/1998, S. 8-10.

[118] Carl C. Crandell und Joseph J. Smaldino, Room Acoustics for Listeners with Normal-Hearing and Hearing Impairment, in: Audiology Treatment, edited by Michael Valente, Holly Hosford-Dunn, Ross J. Roeser, New York. Stuttgart 2000, p. 617 führen in einer Tabelle die Schallabsorptionskoeffizienten von verschiedenen Baumaterialien an. So ist der Koeffizient bei Gipsdecken nur 0.03 (bei 4000 Hz), während er bei 0.96 (bei 4000 Hz) für hochabsorbierende herabgehängte Deckenelemente liegt.

[119] Die Firma Création Baumann in Langenthal, Schweiz hat ihre Vorhang-Stoffe bei der Eidgenössischen Materialprüfungs- und Forschungsanstalt (EMPA) in Dübendorf testen lassen. Im Katalog ist für jeden Stoff der Schallabsorptionsgrad angegeben. Je höher der Koeffizient, umso „nachhallschluckender“ ist der Stoff. Im Vereinslokal von Pro Audito Winterthur, Verein für Menschen mit Hörproblemen, wo wir auch Kurse für Verständigungstraining anbieten, haben wir vor Jahren solche „Theatervorhänge“ mit grossem Erfolg zusätzlich an den beiden Seitenwänden anbringen lassen.
Bei der Herbsttagung 2014 der Schweizerischen Gesellschaft für Akustik bin ich jetzt auch auf die Firma acoustics annette douglas textiles in Wettingen, Schweiz gestossen, welche zusammen mit der EMPA die „weltweit erste, transparente und akustisch wirksame Akustikkollektion“ entwickelt hat.

Hallige Räume – fast unüberwindbar

Grosse und hallige Räume sind für Hörgeräte-Tragende von der Akustik[120] her ein fast unüberwindbares Problem. Auch Lautsprecher helfen hier nur sehr bedingt, weil das Hörgerätemikrofon ebenfalls den Widerhall überträgt. Hier sind indukTive Höranlagen das A und O für den stationären Einsatz. Sie reduzieren die Distanz zwischen dem Sprechendem und dem Schwerhörenden auf die wenigen Zentimeter zwischen dem Mund des Redenden und dem Rednermikrofon. IndukTive Höranlagen (Ringleitungen) sollten deshalb in keinem grösseren öffentlichen Raum fehlen.

Diese Technologie hat Sam Lybarger bereits in den 50er Jahren für Hörgeräte nutzbar gemacht. Bisher wurde die Höranlage mit Spannungsverstärkern betrieben, wie sie auch für Lautsprecheranlagen im Einsatz sind. Ein Teil der Leistung des Audioverstärkers wurde für die induktive Höranlage "abgezweigt" mit dem Resultat, dass die Leistung auf der Induktionsschleife oftmals ungenügend war. War das Signal auf der Schlaufe zudem nicht separat regelbar, so war immer zu wenig Leistung auf der Höranlage, weil der Pegel der Lautsprecheranlage niemals voll aufgedreht werden muss, die Induktionsschlaufe hingegen einen maximalen Pegel benötigt.

Aus Erfahrung mit etlichen indukTiven Höranlagen in Kirchen weiss ich, dass viele aus oben genannten Gründen in einem unbefriedigenden technischen Zustand sind.

Stromverstärker erfüllen IEC-Norm

Vor allem in Dänemark, Schweden und Grossbritannien werden heute nicht mehr Spannungsverstärker sondern spezielle Induktions-Stromverstärker eingesetzt. Diese übertragen die Signale fast in HiFi-Qualität auf das Hörgerät. Da die Impedanz (Wechselstromwiderstand) der Induktionsschleife mit der Frequenz steigt, braucht die Ringleitung in den für die Sprachverständlichkeit so wichtigen hohen Frequenzen (Zischlaute!) mehr Strom als bei den tiefen. Dies kann ein normaler Spannungsverstärker aus technischen Gründen nicht leisten. Der Stromverstärker hingegen kann einen frequenzunabhängigen Strom liefern.

Im Frühjahr konnte ich mich in der Abteilung Akustik und Lärmbekämpfung der Eidgenössischen Materialprüfungs- und Forschungsanstalt (EMPA) in

---

[120] Der ausgezeichnete Artikel von Carsten Ruhe, Günstige Raumakustik hilft Hörgeschädigten. Zur Berücksichtigung der Probleme Hörgeschädigter bei der schalltechnischen Planung, in: Beratende Ingenieure 11/12, 1998, S. 132-137, war mir damals leider noch nicht bekannt.

Dübendorf anhand von mit einem superteuren Messgerät durchgeführten Vergleichsmessungen zwischen einem Spannungsverstärker (Audioverstärker) und einem Stromverstärker von der Richtigkeit des mir bereits bekannten Sachverhalts überzeugen.[121]

Moderne Technologie bei Neubauten und Renovationen

Nach meinem Dafürhalten sollten deshalb bei Neubauten und Renovationen nur noch spezielle Induktions-Stromverstärker (z.B. Univox, Ampetronic) eingesetzt werden, denn mit normalen Spannungsverstärkern ist die im Jahre 1981 von der Internationalen Elektrotechnischen Kommission in Genf aufgestellte Norm IEC 118-4 schwierig bis unmöglich zu erfüllen.

Da es sich bei induktiven Höranlagen um ein Spezialgebiet der Elektroakustik handelt, sollten bei der Planung und Schlussabnahme nur Firmen berücksichtigt werden, welche Erfahrung auf diesem heiklen Gebiet haben. Es empfiehlt sich, bei der Planung ein beratendes Akustik-Ingenieurbüro oder einen diplomierten Akustiker SGA (Schweizerische Gesellschaft für Akustik) beizuziehen, will man sich nachher unliebsame Überraschungen ersparen. Eine einmal falsch in Beton gegossene Induktionsleitung kann nachträglich nicht mehr korrigiert werden. Durch Computersimulation ist es heute möglich, die optimale Verlegung der Schleife vorher genau zu planen.

Bei der Leitungsinstallation kann durchaus auch der Ortselektriker zum Einsatz kommen. Aber er muss genaue Angaben von einem verantwortlichen Planer haben und dieser sollte die Schlussabnahme der Höranlage übernehmen, damit man sicher sein kann, dass die Anlage auch einwandfrei funktioniert. Zudem sollte mit einem Feldstärkemessgerät überprüft werden, ob die induktive Höranlage innerhalb der Toleranzgrenzen der IEC-Norm 118-4[122] liegt. Zu wenig Feldstärke ist zu vermeiden aber auch zu viel.

Eine gut funktionierende indukTive Höranlage bringt schwerhörenden Menschen neue Lebensqualität. Noch ist mir die 96jährige schwerhörige Frau in Erinnerung, welche ich zu einem Hörgerät (mit IndukTionsspule) animieren konnte. Strahlend kam sie aus der Kirche und sagte: ***"Herr Pfarrer, heute habe ich jedes Wort verstanden!"***

---

[121] Herzlichen Dank an Karl Baschnagel, ehemals Mitarbeiter der Abteilung Akustik der Eidgenössischen Materialprüfungsanstalt EMPA und Diplomakustiker SGA für die Demonstration.

[122] Diese Norm aus dem Jahre 1981 ist überarbeitet worden und heisst jetzt IEC 60118-4: 2006.

25 Im Spitalbett induktiv telefonieren

Ein Erlebnisbericht

Ostersamstag-Nachmittag im Jahr 1998. Unser Telefon klingelt. Die hochgradig schwerhörige Tante meiner Frau meldet sich am anderen Ende. Sie sei gestürzt, hätte sich gerade noch zum Telefon (mit Induktivverstärker) schleppen können, liege am Boden und könne nicht mehr aufstehen. Alles stehen und liegen lassen und zur Tante fahren, lautet jetzt die Devise.

Notfallarzt anrufen. Am Telefon äussert er den Verdacht auf Oberschenkelhalsbruch. Warten. Erst nach 19 Uhr trifft der Notfallarzt ein (er hatte 23 Notfälle an dem Tag). Einlieferung ins Spital. Röntgen. Der Oberschenkelhalsbruch bestätigt sich. Eine Operation ist unumgänglich, wird aber wegen des schlechten Allgemeinzustands auf den Sonntagvormittag verschoben.

Nach 22 Uhr verlassen wir das Spital. Beim Ausgang frage ich die Dame, welche die Personalien aufgenommen hat, ob es eigentlich auch möglich sei, das Schwerhörigen-Piktogramm in ihren Computer einzugeben. „Aber die Tante ist doch nicht schwerhörig?“ fragt sie. „Doch“, bestätige ich, ich hatte es bei der Notfallaufnahme dummerweise nur den Schwestern und Ärzten mitgeteilt. „Aber dann muss man doch ein spezielles Telefon bereit stellen“, sagt sie spontan. Sie wolle versuchen, dass der Elektriker dies wenn immer möglich bereits morgen (Ostersonntag!) einrichte.

Die Operation sei gut verlaufen, telefoniert uns am späten Sonntagvormittag der Oberarzt. Am frühen Nachmittag fahren wir ins Spital und besuchen die Frischoperierte. Ein Telefon Flims spezial (mit integriertem Induktivverstärker) steht bereits auf dem Nachttisch.

Am Montagmorgen klingelt unser Telefon. Die schwerhörige Tante ist am Apparat und teilt meiner Frau mit, was sie noch brauche. Auch im Spitalbett funktioniert das induktive Telefonieren problemlos, weil das Spital auf schwerhörige Patientinnen und Patienten eingerichtet ist. Dank Induktivverstärker im Telefon und Umschalten des Hörgeräts auf Position T gibt es keinerlei Verständigungsprobleme.

Bravo Bezirksspital Bülach! Wenn es das „goldene Ohr“ zu verleihen gäbe, dann würde ich Bülach dafür vorschlagen.[123]

---

[123] Ein langjähriges Mitglied des Schwerhörigen-Vereins Winterthur (jetzt Pro Audito Winterthur) erzählte mir folgende Geschichte. Sie musste zu einer Operation in die Augenklinik eines Spitals im Kanton Zürich. Wie von zuhause gewohnt, wollte sie vom Spitalbett aus mit ihren Angehörigen

26 Die „Alinghi-Spule“ im Hörgerät[124]

Hat Ihr Hörgerät auch eine „Alinghi-Spule“? Die nicht so tierisch ernst gemeinte Wortschöpfung „Alinghi-Spule“ stammt von mir. Alinghi heisst doch die Schweizer Segeljacht, der es zum ersten Mal in der 152jährigen Geschichte der weltberühmten Regatta um den America's Cup gelungen ist, die älteste Sporttrophäe der Welt nach Europa zu holen.

Mit zum Sieg beigetragen hat sicher auch die Induktionstechnologie, mit der sich die Mannschaft verständigt hat. Die guthörenden Crew-Mitglieder haben Hinter-dem-Ohr-Hörgeräte mit Induktionsspule des Schweizer Hörgeräteherstellers Phonak getragen. Auf der Alinghi hat Phonak Communications in Murten zudem eine induktive Höranlage (Ringleitung) installiert, welche mit einem modernen Konstantstrom-Induktionsverstärker der englischen Firma Ampetronic gespiesen wurde. Skipper Russell Coutts konnte so in der lärmigen Umgebung (verursacht durch Wetter und begleitende Hubschrauber) über ein Mikrofon seine Befehle an die Mannschaft weitergeben. Diese konnte die Sprachsignale „in perfekter Klangqualität“ (Phonak Medienmitteilung) auf der „Alinghi-Spule“ ihres Hörgeräts empfangen.

Die Induktionstechnologie wurde 1947 von Samuel Lybarger entdeckt und hat seit den 50er Jahren des letzten Jahrhunderts vielen hörbehinderten Menschen geholfen, Sprache in lärmiger Umgebung ohne störende Nebengeräusche zu verstehen. In praktisch alle Hinter dem Ohr-Hörgeräte egal von welchem Hersteller ist serienmässig eine Induktionsspule eingebaut. Bei Im Ohr-Hörgeräten ist die Induktionsspule als Option erhältlich. In die winzigen „un-

---

telefonieren und stellte dabei ihr Hörgerät wie gewohnt auf Induktivempfang („Telefonspule“). Leider hat sie mit dem Telefon überhaupt nichts gehört und war sehr frustriert. Nach dem Spitalaufenthalt schrieb sie einen Brief an den (neuen) Leiter des Technischen Dienstes und beschwerte sich, zumal sie bei ihrem früheren Aufenthalt im gleichen Spital problemlos hätte telefonieren können. Der Zuständige schrieb ihr einen netten Brief, entschuldigte sich, dass gerade *ihr* Telefon nicht funktioniert hätte. Sie hätten vor kurzem die gesamte Telefonie ausgewechselt und das Telefon in das Bedienungselement fürs Fernsehgerät integriert. Bei 1'000 Telefonen könne es ja schon einmal vorkommen, dass eines davon defekt sei.
Meine Vermutung ist, dass es nicht nur das eine Telefon war, das angeblich „defekt“ gewesen sei, sondern auch die anderen 999, mit denen man nicht induktiv telefonieren konnte, weil sogenannte „piezoelektrische“ Telefonhörer eingebaut worden waren, mit denen induktives Telefonieren technisch nicht möglich ist.
Erfreulich hingegen ist, was ich im dezibel 4/2003, S. 27 gelesen habe: „Im Spitalzentrum Olten wurden neue Telefone installiert, die auch für Hörbehinderte geeignet sind. Hörgeräteträger können damit problemlos über die Induktionsspule telefonieren. Die Tonqualität ist sehr gut. Menschen mit Hörproblemen müssen also beim Spitaleintritt kein Spezialtelefon mehr verlangen. Auch das Inselspital Bern erfüllt in Sachen Telefone die Anforderungen Hörbehinderter. Bravo!“

[124] In: dezibel. Zeitschrift für Hören und Erleben 3/2003, S. 20.

sichtbaren“ Kanal-Hörgeräte kann aus Platzgründen keine „Alinghi-Spule“ eingebaut werden.

Dass die von vielen lange totgeschwiegene Induktionstechnologie mit der Alinghi wieder „Auferstehung“ feiert, freut mich besonders. Vielleicht motiviert dies auch hörbehinderte Menschen, in Zukunft nur noch Hörgeräte mit leistungsfähiger „Alinghi-Spule“ zu tragen. So können Sie davon profitieren, wenn am 1. Januar 2004 das Behindertengleichstellungsgesetz in Kraft tritt, das den Einbau von Höranlagen in öffentlich zugänglichen Bauten vorsieht.

Fragen Sie Ihre Hörgeräteakustik-Fachperson, ob Ihr Hörgerät eine „Alinghi-Spule“ hat, und ob das Induktionsprogramm auch aktiviert ist. Es lebe die Induktionstechnologie. „Alinghi-Spule“ ahoi!

27 Thesen „Induktive Höranlagen für Schwerhörende“[125]

1. Die Induktivtechnologie für schwerhörende Menschen fristet in den deutschsprachigen Ländern (Deutschland, Österreich, Schweiz) im Unterschied zu den skandinavischen Ländern (vor allem Dänemark[126] und Schweden) und zu Grossbritannien immer noch ein Stiefkind Dasein. Das muss durch Aufklärungsarbeit geändert werden. Da es sich dabei um eine „unsichtbare“ Technologie handelt (einmal installiert sieht man nichts mehr davon) muss sie durch optische Information (Piktogramme, Plakate) „sichtbar“ gemacht werden

2. Die Induktivtechnologie ist meines Erachtens die angepassteste Technologie für Menschen mit Hörgeräten und gibt ihnen die grösstmögliche Autonomie zurück, da sie ihr Hörgerät nur wie bei einem Lichtschalter auf T umstellen müssen und weder auf Zusatzgeräte noch auf fremde Hilfe angewiesen sind.

3. Da die Induktivtechnologie äusserlich unsichtbar ist (Induktionsschleife wird in der Regel der Wand entlang im Boden verlegt), besteht die Gefahr, dass sie in Vergessenheit gerät.

4. Am Kanzelmikrofon sollte ein kleines Lämpchen (LED) mit dem Piktogramm „Induktive Höranlage“ aufleuchten, wenn die Anlage angestellt ist (so wie in neuen Doppelstockwagen der Schweizerischen Bundesbahnen SBB ein Piktogramm „Lautsprecher“ aufleuchtet, wenn eine Durchsage gemacht wird „In wenigen Minuten erreichen wir...“).

5. Auf die Hörgeräteindustrie ist seitens der nationalen Verbände, welche die Schwerhörenden vertreten (LBH {DK}, Deutscher Schwerhörigenbund {D}, Bund Schweizerischer Schwerhörigen-Vereine {CH}, Vox-Verband {A}) Druck auszuüben, dass keine HdO-Hörgeräte ohne Induktionsspule (Hörspule, T-Spule, Telespule, „Telefon“-spule) auf den Markt gebracht werden. Kostengründe können für das Verzichten auf eine Induktionsspule nämlich nicht

[125] Im Januar 1998 habe ich auf Vermittlung des dänischen Schwerhörigenseelsorgers Pfarrer Jan Grønberg Eriksen den Ausbildungskurs für dänische Schwerhörigenseelsorger an der Pfarrerhochschule Løgumkloster / Dänemark besuchen dürfen. Die folgenden Thesen habe ich im Zug zwischen Dänemark und Winterthur nach dem Besuch dieses Kurses formuliert.

[126] Jan Grønborg Eriksen, Die Kirche als Pionier, in: Kongressbericht 3. Internationaler Kongress der Schwerhörigen 3.-8. Juli 1988, Montreux, Schweiz, Zürich 1988, S. 326-328.

angeführt werden, denn die T-Spule macht nur ca. 1% der Gesamtkosten heutiger handelsüblicher Hörgeräte aus[127].

6. Die Induktionsspulen sind je nach Hörgerätehersteller unterschiedlich stark in der Leistung (gemessen in dB). Für Induktionsspulen sollten hinsichtlich Verstärkung Mindestanforderungen aufgestellt werden, so wie sie das schwedische Behinderteninstitut (NMH) festgelegt hat.

7. Auf Kosten der „Kosmetik" sollte bei Hörgeräten nicht auf eine leistungsfähige Induktionsspule verzichtet werden.

8. Im-Ohr-Hörgeräte sollten unbedingt ebenfalls mit leistungsfähigen Induktionsspulen ausgestattet werden. Wo dies vom Platz her nicht möglich ist (kleine Ohrmuschel), sollte auf die Verordnung von IO-Hörgeräten verzichtet werden oder die Kunden sollten zumindest von den Hörgeräteakustikern schriftlich auf die Nachteile eines Hörgeräts ohne Induktionsspule hingewiesen werden („Zu Risiken und Nebenwirkungen fragen Sie Ihren Arzt oder Apotheker!")

9. Kunden, die ein CIC-Hörgerät („Completely-in-the-canal") wünschen, weil sie ihre Hörbehinderung vor ihrer Umwelt „verstecken" möchten, sollten schriftlich darauf hingewiesen werden müssen, dass diese Geräte, die äusserlich unsichtbar im Ohrkanal sitzen, aus Platzgründen nicht mit einer Induktionsspule ausgestattet werden können. Es ist zudem zu fragen, ob solche Geräte, die wegen der Rückkoppelungsgefahr (Pfeifen bei starker Verstärkung, da der Abstand zwischen dem Hörgerätemikrofon und dem Hörer so gering ist) nur für ganz leichte Schwerhörigkeit sinnvoll sind, von den staatlichen Sozialversicherungen überhaupt bezahlt oder subventioniert werden sollen (in der Schweiz zahlt die Invalidenversicherung noch im Berufsleben stehenden Schwerhörigen die gesamten Kosten[128] des Hörgeräts). Wer dennoch ein solches Gerät wünscht, kann es auf eigene Kosten auf dem freien Markt beziehen (Ausnahmen könnten etwa bei Jugendlichen im Pubertätsalter gemacht werden).

10. Durch eine breit angelegte Informations- und Aufklärungskampagne muss Hörbehinderung gesellschaftlich akzeptabel gemacht werden, wie dies der Brillenindustrie mit grossem Erfolg gelungen ist (Werbeplakat Omega: Cindy Crawford's choice. A hearing aid by ... anstatt eine Omega-Uhr).

---

[127] An der Dritten Internationalen Konferenz über Induktive Höranlagen im Oktober 2013 in Eastbourne, England habe ich erfahren, dass eine Induktionsspule nur 2 US-Dollar kostet.

[128] Seit Juli 2011 wird nur noch eine Pauschale ausbezahlt.

11. Induktive Höranlagen sollten nicht mehr mit überholter Technologie (Spannungsverstärker / Audioverstärker), die noch aus der Zeit der Röhrenverstärker stammt, betrieben werden. Neue Anlagen sollten unbedingt der seit 1981 gültigen IEC Norm 118-4 (heute IEC 60118-4: 2006) entsprechen, wie sie von der Internationalen Elektrotechnischen Kommission in Genf aufgestellt worden ist. Diese Norm ist mit speziellen Induktions-Stromverstärkern (Induction loop driver) zu erreichen, welche auch die für das Sprachverständnis so wichtigen hohen Frequenzen gut übertragen (Spannungsverstärker übertragen nur die tiefen Frequenzen gut, die hohen aber schlecht).

12. Durch fachmännische Elektroplanung sollte bei Neubauten und Renovationen die Induktionsschleife so verlegt werden, dass mögliche Beeinträchtigungen durch andere magnetische Felder (Brummgeräusche durch Lichtregulierungsanlagen „Dimmer“) weitgehend ausgeschaltet werden können. Niemals sollten andere elektrische Leitungen in das gleiche Leerrohr, in welches die Induktionsschleife kommt, gelegt werden. Starkstromleitungen sollten nicht mitten durch Säle (oder unter Sälen hindurch) geleitet werden, in die induktive Höranlagen eingebaut werden.

13. Induktive Höranlagen sind ein Spezialgebiet der Elektroakustik und sollten nur von Spezialfirmen, die über das nötige technische Know how verfügen und entsprechende Messgeräte (z.B. Feldstärkemessgerät) verfügen, geplant werden (Die Elektroinstallationen sowie die Verlegung des Schleifendrahtes können nach genauer Anweisung bezüglich Layout des Drahtes, korrekte Stromrichtung) der Spezialfirma vom Ortselektriker ausgeführt werden.)

14. Die induktive Höranlage muss aber unbedingt von der Spezialfirma, welche die Gesamtverantwortung trägt, einer Schlusskontrolle unterzogen werden. Dabei sollten drei selbst schwerhörige Vertreter des lokalen Schwerhörigen / Hörbehindertenvereins anwesend sein[129]. Es sollte ein Abnahmeprotokoll erstellt werden, das von allen Beteiligten unterzeichnet wird.

15. Die induktive Höranlage sollte zunächst bei ausgeschalteten Lautsprechern überprüft werden, um sicher zu sein, dass das Signal auf der Höranlage unabhängig von der Lautsprecheranlage geregelt werden kann. Das In-

[129] Hier habe ich meine Meinung nach langjähriger Erfahrung mit ungenügenden induktiven Höranlagen geändert. Anstatt der subjektiven Messung durch einzelne Hörgeräteträger (jede Hörbehinderung ist anders, am häufigsten ist der Hochtonabfall, es gibt aber auch Menschen mit Tieftonabfall), die durchaus erfolgen kann, sollten besser kalibrierte Messinstrumente gemäss IEC-Norm eingesetzt werden. Eine solche messtechnisch dokumentierte Messung kann jederzeit mit den gleichen Instrumenten intersubjektiv überprüft werden, und muss im Rahmen von Messtoleranz zu den gleichen Ergebnissen kommen („Wer misst, misst Mist.“)

duktivsignal muss von einem speziellen Induktionsverstärker abgenommen werden, und darf nicht vom Lautsprechersignal abgenommen werden. Die Lautsprecher brauchen meist nur ein Drittel des Pegels (Volume), weil bei vollem Pegel die Hörer einen Hörschaden bekommen würden. Auf der Induktionsschleife braucht es hingegen den maximalen Pegel. Dieser logische Fehler wurde aus Kostengründen (es wird kein eigener Verstärker für die Höranlage benötigt, man zweigt einen Teil der Leistung des Lautsprecher-Verstärkers für die induktive Höranlage ab) bei vielen bestehenden Anlagen gemacht. So ist die Leistung der induktiven Höranlage niemals optimal. Dies ist wohl auch ein Grund, weshalb induktive Höranlagen fälschlicherweise in Verruf geraten sind.

16. Danach sollten die Lautsprecher zugeschaltet werden. Falls es Lampen oder Scheinwerfer im Saal hat, die mit einer Lichtregulierungsanlage (Dimmer) geregelt werden können, sollten diese auf halbes Volumen gedreht werden, und dann überprüft werden, ob jetzt Störgeräusche vom Dimmer auf die induktive Höranlage übertragen werden.

17. An Orten, wo gleichzeitig Lautsprecheranlagen vorhanden sind, sollte die induktive Höranlage so „kurzgeschlossen" sein, dass sie immer automatisch eingeschaltet wird, wenn die Lautsprecheranlage eingeschaltet wird.

18. Nachdem die induktive Höranlage fachmännisch einjustiert ist, sollte der Induktionsverstärker durch eine verschraubbare Plexiglasplatte abgedeckt werden, so dass keine Fehlmanipulationen möglich sind. Eine einmal richtig eingestellte induktive Höranlage muss in der Regel nicht mehr nachreguliert werden.

19. Es sollten nur noch Induktions-Stromverstärker zum Einsatz kommen, die gleichzeitig mit einem AGC (Automatic Gain Control)-Regler ausgestattet sind. Dieser sorgt dafür, dass das Tonsignal auf der Induktionsleitung immer mehr oder weniger gleich stark ist unabhängig von den Lautstärkeschwankungen der redenden Person. Der Hörgeräteträger muss so die individuelle Lautstärke am Hörgerät nicht ständig nachregulieren.

20. Der Induktionsverstärker sollte äusserlich mit dem internationalen IEC-Piktogramm für induktive Höranlagen gekennzeichnet werden.

28 Induktive Höranlagen kontrollieren: Die Norm bleibt auf der Strecke[130]

Die meisten induktiven Höranlagen in öffentlichen Gebäuden funktionieren zwar irgendwie, aber sie liefern oft nicht die Sprachverständlichkeit, die heute technisch möglich ist und die Norm wäre.80 bis 90 Prozent sind nicht normgerecht.

Bereits 1947 wurde das induktive Hören mit dem Hörgerät entdeckt. Ein Absolvent der Schweizerischen Schwerhörigenschule Landenhof erinnert sich noch gut daran, wie sie bereits in den 50er-Jahren des letzten Jahrhunderts im dortigen Internat mit dem Hörgerät induktiv Radio hörten. Wenn der Direktor vergessen hatte, am Abend das Radio abzustellen, wurde bis morgens um 2 Uhr induktiv Radio gehört anstatt geschlafen.

Die Norm SN EN 60118-4: 2006

Im Jahr 1981 erliess die Internationale Elektrotechnische Kommission in Genf eine Norm hinsichtlich induktiver Höranlagen. Jedoch wurde diese Norm von den Installateuren nur selten eingehalten und niemand hat sich die Mühe gemacht, dies zu überprüfen. Diese Norm wurde auch von der Schweiz übernommen und gilt bis heute. Immerhin wurde sie im Jahr 1998 genauer definiert. Im Jahr 2006 wurden die Messmethoden dann klarer festgelegt.

Behindertengleichstellungsgesetz

Das Behindertengleichstellungsgesetz, das seit 2004 in Kraft ist, schreibt bei Neubauten und umfassenden Renovationen in öffentlich zugänglichen Gebäuden den Einbau von Höranlagen vor. pro audito schweiz ist als Beschwerdeinstanz anerkannt. Rechtsansprüche können jedoch in erster Linie während des Baubewilligungsverfahrens geltend gemacht werden.

Konstantstromverstärker anstatt Spannungsverstärker

Bis vor wenigen Jahren wurde die „Ringleitung" einfach an den Spannungsverstärker der Lautsprecheranlage angehängt. Mit möglichst vielen verlegten Drahtwindungen versuchte man dann. Genügend Feldstärke für die Übertragung des Sprachsignals auf die Induktionsspule des Hörgeräts zu erreichen. Da aber die für die Sprachverständlichkeit so wichtigen hohen Frequenzen (Zischlaute) für einen konstanten Strom mehr Spannung brauchen als die tiefen, war die Qualität des Signals ungenügend.

---

130 In: dezibel. Zeitschrift für Hören und Erleben 2/2008, S. 20-21.

Spannungsverstärker[131] können technisch bedingt keinen frequenzunabhängigen Strom liefern. Deshalb konnten diese Anlagen zwar die nötige Feldstärke, aber keinen linearen Frequenzgang erreichen. Die Folge war schlechte Sprachqualität.

Vor allem in England, Dänemark und Schweden hat man deshalb für induktive Höranlagen spezielle Konstantstromverstärker[132] entwickelt, welche einen linearen Frequenzgang und damit ein Sprachsignal fast in HiFi-Qualität liefern. So wird das induktive Hören für den Hörgeräteträger und den Cochlea-Implantierten wieder zum Genuss.

Armierter Beton nicht ideal

Damit der Betonboden oder die Betondecke eines Gebäudes genügend stabil wird, wird heute praktisch überall ein enges Geflecht von Eisenstäben verlegt, auf das dann der flüssige Beton gegossen wird. Dieses Eisengitter kann sich aber negativ auf den Frequenzgang und die gleichmässige „Lautstärke"- Verteilung der Höranlage auswirken. Deshalb empfiehlt es sich, bereits in der Rohbauphase von einer Fachperson eine Testschleife legen zu lassen und die Leistungsdaten zu messen, um nicht später eine unbrauchbare Anlage zu haben.

Gute Konstantstromverstärker haben heute eine Eisenkorrektur (Metal Loss Correction) eingebaut, die von einer Fachperson aufgrund von Messungen justiert werden kann.

Phasenverschiebung

Ist der Eisenverlust hingegen zu gross, so gibt es heute eine Schleifentechnik, welche vorher genau berechnet wird und anstatt mit einer Einfachschleife am Rand entlang mit vielen parallelen Schleifen arbeitet, welche jeweils phasenverschoben sind, damit sie sich nicht gegenseitig aufheben (phased array loop)[133].

---

131 Peter O. Bengtsson, Preben B.:Brunved, When Hearing Aids Are Not Enough. The Need for Assistive Devices, in: Audiology Treatment, edited by Michael Valente, Holly Hosford-Dunn, Ross J. Roeser, New York. Stuttgart 2000, pp. 588 erklären den Unterschied zwischen einem Konstant*strom*verstärker und einem Konstant*spannungs*verstärker (Lautsprecherverstärker).

132 Erst kürzlich habe ich gelesen, dass die schwedische Firma Bo Edin (Produzent der Univox-Verstärker) bereits 1969 (!) den ersten Konstantstromverstärker entwickelt hat. Sergei Kochkin, Juliëtte Sterkens et al., Consumer Perceptions of the Impact of Inductively Looped Venues on the Utility of Their Hearing Devices, in: The Hearing Review, October 2014.

133 "Dass die Induktionstechnologie mit modernen Konstantstromverstärkern und einem ausgeklügelten Schleifendesign an Orten verwendet werden kann, die früher undenkbar gewesen wären, zeigte Julian Pieters (Ampetronic Ltd, UK) auf. So wurde erfolgreich auf dem aus dem Jahr 1943

Im Casinotheater in Winterthur wurde bei der Renovation diese professionelle Technik eingesetzt. Die Messungen, die im Auftrag von Pro Audito Winterthur durchgeführt worden sind, haben einen einwandfreien und normgerechten Frequenzgang nach Schweizer Norm ergeben.

Kosten

Was die Kosten betrifft, so hält sich auch eine normgerechte induktive Höranlage finanziell in einem durchaus vernünftigen Rahmen, verglichen mit anderen Baukosten (z.B. Baugerüst). Der Schreibende, der als Gemeindepfarrer in zwei Baukommissionen Einsitz hatte, weiss nur zu genau, welche fast astronomischen Baukosten bei einer Kirchensanierung oder –renovation anfallen. Da kann man die Höranlage fast aus der Portokasse bezahlen!

Testperson oder Messgerät

Nachdem eine induktive Höranlage installiert ist, wird sie oft von Betroffenen überprüft. Eklatante Fehler können so erkannt werden, etwa auch, ob die Anlage überhaupt funktioniert oder nicht. Da aber jede Hörbehinderung anders ist und auch die Empfindlichkeit der Induktionsspule nicht in allen Hörgeräten gleich ist, sollte bei fest installierten Höranlagen unbedingt ein nachprüfbarer Test mit kalibrierten Messgeräten durch entsprechend qualifizierte Fachpersonen durchgeführt werden. Anschliessend muss ein schriftlicher Messbericht erstellt werden. Nur so ist gewährleistet, dass die Anlage tatsächlich innerhalb der Schweizer und internationalen Norm liegt.

Heinz Nafzger, Experte für Höranlagen bei pro audito schweiz, hat schon viele induktive Höranlagen gemessen. Seine Messberichte decken sich mit den Erfahrungen Betroffener: 80 bis 90 Prozent der Höranlagen entsprechen nicht der Norm. Während die Norm einen linearen Frequenzgang zwischen 100 und 5000 Hz vorschreibt, geht der Frequenzgang bei vielen Höranlagen in den hohen Frequenzen so steil hinunter wie bei der Lauberhorn-Abfahrt.[134]

---

stammenden amerikanischen Flugzeugträger ‚USS Intrepid', der jetzt Teil des ‚Intrepid Sea, Air & Space Museums' in New York ist, trotz der riesigen Menge Stahls eine perfekt funktionierende induktive Höranlage installiert." Siegfried Karg, Gemeinsames Ziel: Weltweites induktives Hören, in: Spektrum Hören. Das Magazin für Schwerhörige 6/2013, S. 51.

[134] Vergleiche dazu auch: Siegfried Karg, Only quality controlled induction loops are fit for the future. The new international standard IEC 60118-4 for Audio-Frequency Induction Loop Systems, PowerPoint Präsentation am Weltkongress der Hörgeschädigten-Pädagogen am 18. Juli 2005 in Maastricht / Niederlande.

Induktive Höranlage anstatt „Ringleitung"

Besser als lediglich von einer „Ringleitung" zu sprechen, wäre es, die Bezeichnung „induktive Höranlage" zu gebrauchen. Eine normgerechte induktive Höranlage ist ein komplexes professionelles System und nicht bloss eine „Ringschleife"[135].

Messung obligatorisch

Ob der Heizungsinstallateur mit der neuen Heizung im Wohnzimmer auf mindestens 18 Grad kommt, kann jeder selbst mit einem handelsüblichen Thermometer überprüfen. Ob die induktive Höranlage innerhalb der Norm-Toleranz von Plus/Minus 3 dB liegt, kann nur eine mit den entsprechenden Geräten und dem nötigen Know-how ausgerüstete Fachperson überprüfen. Das „Verzeichnis Messtechniker pro audito schweiz" findet sich unter www.pro-audito.ch.

Die Messungen sind nicht gratis, lohnen jedoch langfristig auf jeden Fall. Eine einmal korrekt installierte und einjustierte Anlage ist wartungsfrei und tut über Jahre einen hervorragenden Dienst zum Wohl hörbehinderter Menschen.

---

[135] Dass das Wort "**Ring**leitung" oder "**Ring**schleife" zu fatalen Missverständnissen führen kann, zeigt das folgende Zitat: „Induktionsanlagen (auch Ringschleifenanlagen genannt) bestehen aus einem Verstärker und einem Kabel, das ringförmig im Raum ausgelegt bzw. fest installiert wird." Maryanne Becker Der schwerhörige Patient. Ein Leitfaden für Arztpraxis, Klinik und Pflege, Frankfurt am Main 2011, S. 40. Selbstverständlich darf die Induktionsschleife in einem rechteckigen Raum nicht „ringförmig", sondern rechteckig entlang der vier Aussenseiten (Perimeterschleife) installiert sein, um eine möglichst gleichmässige Feldverteilung im gesamten Raum zu erreichen. Vgl. hierzu die Computeranimationen von Conny Andersson von der schwedischen Konstantstromhersteller-Firma Bo Edin (Univox), die von Juliëtte Sterkens in ihrem Vortrag „Hearing Loop Technology and You" an der 2014 Convention der Hearing Loss Association of America am 28. Juni 2014 in Austin, Texas gezeigt wurden.
Neben der häufigsten Installationsform „Perimeterschleife" gibt es je nach verschiedener Raumsituation weitere „Sonderformen". So nennt Fred Palm (AssistiveAudio), dessen Team temporär eine IndukTive Höranlage für die „Baltimore Symphony" installiert hat, folgende Formen: „Counter Loop, Perimeter Loop, Single Array, Cancellation Loop, Low-Loss Phased Array, Ultra Low-Spill Phased Array" als Quelle angegeben von Bonnie Berkowitz und Patterson Clark, The Washington Post, Published on April 9, 2012.

29 EFHOH: IndukTive Höranlagen[136]

Einleitung:

Eines der Hauptziele des europäischen Schwerhörigenverbands EFHOH (European Federation of Hard of Hearing People)[137] ist es, die Installation von Hörhilfsmitteln, insbesondere induktive Höranlagen, in öffentlichen Gebäuden, wo ein grosser Abstand zur Schallquelle besteht, wo es Nachhall und / oder Hintergrundlärm gibt, zu fördern. In solchen Situationen kommen selbst die ausgereiftesten Hörsysteme oder Cochlea Implantate an ihre Grenzen, weil die Systeme die physikalischen Gesetze der Raumakustik brechen müssten.

Im Jahr 2006 erhielt EFHOH eine finanzielle Zuwendung von Pro Audito Winterthur / Schweiz, dem lokalen Schwerhörigen-Verein, als ausserordentliches Geschenk anlässlich des 90-Jahr-Jubiläums des Vereins. Die Zuwendung war zweckgebunden für die Organisation einer internationalen Konferenz über induktive Höranlagen.

Der Vorstand von EFHOH schlug vor, eine solche Konferenz im Anschluss an die Jahresversammlung in Oslo / Norwegen im Jahr 2007 abzuhalten. Jedoch hatte der norwegische Schwerhörigenverband bereits andere Planungen für die Konferenz in Verbindung mit der Jahresversammlung. Deshalb wurde die ursprüngliche Idee zurück gestellt.

Im Jahr 2008 schlugen dann Pro Audito Winterthur zusammen mit Pro Audito Schweiz (dem Schweizer Schwerhörigenverband) vor, die erste Internationale Konferenz über induktive Höranlagen vom 25.-27. September 2009 in Winterthur / Schweiz durchzuführen. Die EFHOH-Jahresversammlung in Dublin / Irland im Jahr 2008 stimmte dieser Spezial-Konferenz zu.

Erste Internationale Konferenz über induktive Höranlagen in Winterthur / Schweiz (2009)

Das Tagungslokal der Konferenz war die Zürcher Hochschule für Angewandte Wissenschaften in Winterthur in der Nähe von Zürich. Ungefähr 100 Personen von verschiedenen europäischen Ländern, aus Australien, den USA und aus Kuwait besuchten die internationale Konferenz.

---

[136] Der Beitrag ist im Original auf Englisch erschienen in: History of the European Federation of Hard of Hearing People, edited by Marcel Bobeldijk and Kees Twilt, Stockholm 2012, pp. 9-11.

[137] Der Verfasser war von 2002-2010 EFHOH-Vizepräsident und Organisator der ersten internationalen Konferenz über induktive Höranlagen im Jahr 2009 in Winterthur, Schweiz.

Die Konferenz stimmte über die folgende Resolution ab und nahm sie mit nur zwei ablehnenden Stimmen an:

„Hearing Loops (Induktive Höranlagen), die erste internationale Konferenz über induktive Höranlagen (Audio Frequency Induction Loops AFILS) für schwerhörige Menschen – mit Konferenzteilnehmern aus Australien, Deutschland, Finnland, Frankreich, Italien, Kroatien, Kuwait, Niederlande, Österreich, Russland, Schweden, Schweiz, Slowenien, Vereinigtes Königreich und USA - verabschiedete die folgende Resolution am 27. September 2009 an der Zürcher Hochschule für Angewandte Wissenschaften in Winterthur / Schweiz.

Eine induktive Höranlage (audio frequency induction loop system AFILS) ist ein kostengünstiges, wirkungsvolles und universales System, um Menschen, die Hörgeräte oder Cochlea Implantate tragen, in die Lage zu versetzen, in öffentlichen Situationen zu hören.

Wir empfehlen daher, dass

--- Hörgerätehersteller, Hersteller von Cochlea Implantaten, Ärzte, Audiologen und Hörgeräteakustiker den Nutzen von Telefon- / Induktionsspulen-Empfängern (telecoil) in Hörgeräten und Cochlea Implantaten fürs Telefonieren und für induktive Höranlagen kommunizieren und schwerhörige Menschen entsprechend schulen

--- Gebäude und Kundenschalter, wo Ton übertragen wird, Hörhilfsmittel zur Verfügung stellen wie induktive Höranlagen, welche der Norm IEC 60118-4:2006 entsprechen. Diese Anlagen senden den Ton direkt an Hörgeräte und Cochlea Implantate und machen sie so zu individuell angepassten Lautsprechern (ohne die Notwendigkeit zusätzlicher Geräte).

Die Konferenz warf ihren Blick auf induktive Höranlagen (auch Hörschleifen „Hearing Loops" genannt). Zusätzlich dazu waren die Teilnehmer offen für neue Technologien, die zusammen mit induktiven Höranlagen benutzt werden können oder die sie eines Tages ersetzen können. Gegenwärtig ist keine Technologie in Sicht, die so universal, so kostengünstig und so wirkungsvoll für schwerhörige Menschen ist. Die Konferenz warf ihren Blick auf öffentliche Gebäude und nicht auf persönliche mobile Hörhilfsmittel, wo andere Technologien (z.B. Funktechnologie FM) von echtem Nutzen sein können.[138]

---

[138] Siehe dazu auch den Beitrag Nr. 31 „Diskussions-Papier Induktive Höranlagen", das der Konferenz-Resolution zugrunde lag.

Die Konferenzsprache war Englisch mit deutscher Simultanübersetzung[139]. Alle Vorträge einschliesslich der Power Point Präsentationen wurden aufgenommen.

Zweite Internationale Konferenz über induktive Höranlagen in Washington D.C., USA (2011)

Teilnehmer aus den USA (besonders Brenda Battat, Geschäftsführerin des amerikanischen Schwerhörigenverbands, und Dr. David Myers „Induktionsanlagen in ganz Amerika"), die an der Winterthurer Konferenz 2009 teilgenommen haben, begrüssten die Idee, eine Nachfolgekonferenz im Jahr 2011 in Washington D.C., USA in Verbindung mit der Jahreskonferenz des amerikanischen Verbands „Hearing Loss Association of America (HLAA)" zu haben.

Die zweite internationale Konferenz wurde von HLAA zusammen mit der „American Academy of Audiology (AAA)" vom 18.-20. Juni 2011 im Grossraum Washington D.C. organisiert mit Referenten aus den USA und aus Europa.

Nach meiner Ansicht können die folgenden Ausführungen als „Resultate" der zweiten internationalen Konferenz über induktive Höranlagen gelten:

- Es gibt ein wachsendes Bewusstsein über die Notwendigkeit zur Installation von induktiven Höranlagen in öffentlichen Gebäuden in den USA.

- Es gibt ein wachsendes Bewusstsein unter schwerhörigen Menschen, dass die „Telefonspule" im Hörgerät / Cochlea Implantat nicht nur mit dem Telefon benutzt werden kann, sondern auch einen Nutzen in öffentlichen Lokalitäten hat, in denen eine induktive Höranlage installiert ist, besonders dann, wenn die Distanz zum Sprecher gross ist (z.B. in Vorlesungsräumen), und / oder wo es Nachhall hat (z.B. sakrale Gebäude, hohe Zimmerdecken), und / oder wo es Hintergrundgeräusche hat (z.B. Klimaanlangen). Menschen mit Hörproblemen benötigen einen viel höheren sogenannten Signal-Rausch-Abstand (signal-to-noise-ratio SNR), um Sprache verstehen zu können, als es Normalhörende brauchen. Die induktive Höranlage erhöht den SNR beträchtlich.

---

[139] David Norman und Heinz Nafzger hatten in der Aula – Abteilung Linguistik der Zürcher Hochschule für Angewandte Wissenschaften Winterthur zwei „Phased-array" Induktionsschleifen installiert, die sich nicht gegenseitig störten, sodass auf der einen Seite der deutsche Ton und auf der anderen Seite die englische Übersetzung induktiv empfangen werden konnten. Diese „zweikanalige" induktive Übertragung wurde meines Wissens bisher weltweit noch nie erfolgreich realisiert.

- Es gibt ein wachsendes Bewusstsein unter Hörgeräteakustikern / Audiologen in den USA über die Notwendigkeit von induktiven Höranlagen in öffentlichen Gebäuden. Die zweite Konferenz wurde gemeinsam organisiert von HLAA und dem amerikanischen Hörakustikerverband „American Academy of Audiology (HLAA)“. Dies ist ein riesiger Schritt vorwärts für induktive Höranlagen, denn es ist unerlässlich, dass Audiologen ihren Kunden die Vorteile einer Induktionsspule / Telefonspule im Hörgerät / Cochlea Implantat bewusst machen. Andernfalls könnten Kunden ein Gerät ohne Telefonspule kaufen, was es ihnen dann unmöglich macht, ein hörgerätekompatibles Telefon (hearing aid compatible HAC) oder eine induktive Höranlage in einem öffentlichen Gebäude zu benutzen.

- Es gibt ein wachsendes Bewusstsein, dass induktive Höranlagen in öffentlichen Gebäuden von Fachleuten installiert werden müssen, um so die 1981 von der Internationalen Elektrotechnischen Kommission erlassene und 2006 revidierte internationale Norm einzuhalten. Nur solche „Audiofrequenz-Induktionsanlagen“ geben tatsächlich schwerhörigen Menschen die Sprachverständlichkeit, die heute technisch möglich ist.

Vorträge aus verschiedenen Ländern an der Konferenz in Washington zeigten, dass in Europa, obwohl dort viele induktive Höranlagen installiert sind, nur wenige die internationale Norm einhalten (die Qualitätskontrolle fehlt).

- Es gibt ein wachsendes Bewusstsein, dass in den USA neu installierte induktive Höranlagen die internationale Norm einhalten sollten. Es ist nicht in erster Linie eine Frage der Kosten, es ist eine Frage des mangelnden „Know-hows“ der Installateure.

Als Konsequenz davon gibt es ein wachsendes Bewusstsein über die Notwendigkeit von professionellen Installateuren von induktiven Höranlagen in den USA, welches ein spezielles zertifiziertes Ausbildungsprogramm erfordert (z.B. zusammen mit der „American Audio Engineering Society“).

- Es gibt ein wachsendes Bewusstsein unter Hörgeräteherstellern über die Wichtigkeit von Induktionsspulen in Hörgeräten, eine Technologie, welche seit mehr als 50 Jahren vorhanden ist. Grösserer Nachdruck sollte auch dem verbesserten Funktionieren der Telefonspule verliehen werden.

- Es gibt ein wachsendes Bewusstsein unter Hörgeräteherstellern für die Tatsache, dass gegenwärtig die Induktionstechnologie immer noch die einzige Technologie ist, die universal benutzbar ist, und die mit der Telefonspule / Induktionsspule des individuellen Hörgeräts / Cochlea Implantats verbunden werden kann ohne die Notwendigkeit eines zusätzlichen Hörhilfsmittels (z.B. ein FM- oder Infrarotempfänger mit einer induktiven Nackenschleife).

- Es gibt ein wachsendes Bewusstsein, dass Konsumentenorganisationen von schwerhörigen Menschen, Hörgerätehersteller, Audiologen, und Hersteller von Konstantstromverstärkern für „Audiofrequenz-Induktionsanlagen“ eng zusammen arbeiten sollten, um so die Lebensqualität von Millionen schwerhöriger Menschen weltweit zu verbessern.

- Es gibt ein wachsendes Bewusstsein, dass Konsumentenorganisationen von schwerhörigen Menschen die Besitzer von öffentlichen Einrichtungen (einschliesslich Kultusräumen[140]) ermuntern, induktive Höranlagen in den Räumen zu installieren, wo Sprachverständlichkeit wichtig ist. Millionen schwerhöriger Menschen[141] sind auch Konsumenten und wollen eingeschlossen („Inklusion“) und nicht ausgeschlossen („Exklusion“) werden.

- Dr. Ruth Warick, Vancouver / Kanada, Präsidentin des internationalen Schwerhörigenverbands „International Federation of Hard of Hearing People (IFHOH)“ hielt an der zweiten internationalen Konferenz über induktive Höranlagen in Washington D.C. in ihren Schlussbemerkungen fest:

***„Ich denke, die Zukunft sieht gut aus.
Telefonspulen und induktive Höranlagen
schienen der Vergangenheit anzugehören,
und nun sind sie die Zukunft.“***

[140] Dies ist in den USA deshalb wichtig, weil Kultusräume (Kirchen, Synagogen, Tempel) vom Behindertengleichstellungsgesetz (Americans with Disabilities Act, in Kraft seit 1990) ausgenommen sind.

[141] Frank Lin schätzt die Zahl auf 48 Millionen in den USA. Vgl. JOHNS HOPKINS Medicine „New nationally representative estimate shows wide scope of problem“, Release Date: November 14. 2011. Siehe auch: Katherine Bouton, Shouting Won't Help, Second Edition, New York 2014, S. 4.

30 Musikgenuss und induktive Höranlage.

Richard Einhorn

Der amerikanische Komponist und Toningenieur Richard Einhorn[142], der 2010 plötzlich sein Gehör verloren hat, auf einem Ohr gar nichts mehr hört und auf dem zweiten nur 30% war 2011 an der Zweiten Internationalen Konferenz über induktive Höranlagen und war dort sehr beeindruckt von der Qualität der temporär im berühmten Kennedy Center (Opernhaus) in Washington D.C. für das Musical „Wicked“[143] installierten induktiven Höranlage. Ich habe Richard Einhorn während der Konferenz getroffen und es ist mir gelungen, ihn dazu zu motivieren, einen Brief ans Kennedy Center zu schreiben, und um die definitive Installation einer induktiven Höranlage zu bitten.

Hier nun die mit dem Einverständnis von Richard Einhorn erstellte deutsche Übersetzung[144] seines hervorragenden Briefes[145]:

"Richard Einhorn
320 Riverside Drive, New York, NY 10025

27. Juni 2011

Herrn David M. Rubenstein, Vorsitzender
Herrn Michael M. Kaiser, Präsident
Chefdirigent Christoph Eschenbach, Musikdirektor Nationales Sinfonie-Orchester und Kennedy Center
Frau Betty Siegel, Direktorin für behindertengerechten Zugang
John F. Kennedy Zentrum für die darstellenden Künste
2700 F. Street, NW
Washington, D.C. 20566-0001

Lieber Herr Rubenstein, Herr Kaiser, Chefdirigent Eschenbach und liebe Frau Siegel

---

[142] Richard Einhorn, No Compromise. Composing and Living to the Hilt after Hearing Loss, in: Hearing Loss Magazine, Vol. 33, No. 3, May/June 2012, pp. 10-15. Barbara Kelley, Behind the Scenes. Composer Richard Einhorn and Voices of Light, in: Hearing Loss Magazine, Vol. 33, No. 3, May/June 2012, pp. 16-18.

[143] Der amerikanische Schwerhörigenverband hatte für die Teilnehmer der Jahreskonferenz 2011 und der daran anschliessenden Zweiten Internationalen Konferenz über induktive Höranlagen in Washington D.C. eine extra Vorstellung des Musicals organisiert. Frederick Palm und Andy Jankowski von der Firma AssistiveAudio in Toledo, Ohio, hatten extra für diesen Anlass eine normgerechte induktive Höranlage temporär installiert.

[144] Übersetzung Siegfried Karg

[145] Der Brief ist auch abgedruckt worden in: Richard Einhorn, A Member's Response After Attending Wicked (Letter to the Editor), in: Hearing Loss Magazine, Vol. 32, No. 5, September/October 2011, p. 28.

Ich bin Komponist, welcher die Ehre hatte, dass das National Symphony Orchester mein abendfüllendes Werk "Voices of Light" (Stimmen des Lichts) 2001 im Kennedy Zentrum aufgeführt hat. Vor einem Jahr erlitt ich einen plötzlichen, gravierenden und irreversiblen Hörverlust. Ich bin nun auf einem Ohr völlig taub und habe nur noch einen Hörrest von 30% in meinem verbleibenden Ohr.

Bis ich die Aufführung des Musicals "Wicked" am 17. Juni im Opernhaus des Kennedy Zentrums besuchte, welche die temporäre Installation einer induktiven Höranlage einschloss, war ich ziemlich sicher, dass ich nie wieder in der Lage sein würde, Live-Musik zu geniessen. Jedoch war der Klang der induktiven Höranlage so gut, dass ich mich genötigt sehe, Sie zu bitten, die Installation von permanenten induktiven Höranlagen in Ihren Theatern ernsthaft in Erwägung zu ziehen. Dieser Abend war bei Weitem die deutlichste, erfreulichste Vorstellung, die ich seit meinem Hörverlust besucht habe. Es hat für mich sehr viel bedeutet, in einem Konzertsaal zu sitzen, und zum ersten Mal seit einem Jahr eine Aufführung tatsächlich zu geniessen.

Was diese Erfahrung verstärkt hat, war die Tatsache, dass ich nicht irgendein sperriges Hörhilfsmittel tragen musste, um die induktive Höranlage zu benutzen. Ich habe einfach mein Hörgerät auf die entsprechende Position umgestellt. Nicht nur war die Technologie extrem einfach für mich zu benutzen, aber sie war so unaufdringlich, sodass ich mich weder verlegen noch gehemmt fühlte: Niemand konnte sehen, dass ich Hilfe benötigte, um zu hören.

Ich bitte Sie dringend, induktive Höranlagen für ihre Theater in Erwägung zu ziehen nicht nur aus meiner Perspektive als Komponist, sondern auch als einer, der stark in professioneller Tontechnik involviert war. Ich habe zahlreiche Compact Discs mit Künstlern wie Yo-Yo Ma (einschliesslich einer Aufnahme, die einen Grammy gewonnen hat), den New Yorker Philharmonikern, dem Philadelphia Orchester, und vielen anderen produziert. Obwohl ich nicht mehr produzieren kann, habe ich noch einen genügenden Hörrest und genug Erfahrung mit verschiedenen Hörhilfsmitteln, um sie miteinander zu vergleichen.

Obwohl die hohe Qualität, die ich hörte, zum grossen Teil dem exzellenten Lautsprechersystem, das im Kennedy Center installiert ist, und der exzeptionellen Mischung, welche durch die Tontechniker geschaffen wurde, zu verdanken war, glaube ich, dass die induktive Höranlage selbst viel mit dem klaren Klang zu tun hat. Zum Kontrast ging ich vergangenen Herbst zu einem bedeutenden amerikanischen Opernhaus, wo mir ein Hörhilfsmittel ausgehändigt wurde, das gross und sperrig war. Der erste Empfänger, der mir ge-

geben wurde, hat nicht funktioniert, und ich tauschte ihn für einen anderen um. Die Tonmischung in der Oper war ausgezeichnet, aber der Klang, den ich vom Hörhilfsmittel hörte, war anfällig für Ausfälle, statisches Geräusch und andere Probleme. Es war weit entfernt von der erfreulichen Erfahrung, welche ich im Kennedy Center gehabt hatte.

Induktive Höranlagen sind so angenehm für Hörgeräteträger zu benutzen, denn die meisten modernen Hilfen enthalten bereits die kostengünstige Technologie, welche „Induktionsspule (T-Spule)“ genannt wird, welche man braucht, um das Signal der Induktionsschleife zu empfangen. Deshalb dreht ein Musikliebhaber mit Hörgeräten einfach einen Schalter am Gerät, um die T-Spule zu aktivieren. Es ist viel einfacher zu gebrauchen als irgendein FM- oder Infrarotsystem, das mir bekannt ist, und es müssen keine Empfänger ausgeliehen und am Ende der Vorstellung zurückgegeben werden.

Ein weiterer wichtiger Grund induktive Höranlagen zu installieren: Man braucht keine sperrigen Geräte zu tragen, welche die Aufmerksamkeit auf die Hörbehinderung lenken. Induktive Höranlagen und T-Spulen-Technologie wahren die Würde des Hörbehinderten: Sie kommen der Unsichtbarkeit so nah, wie es mit heutigen Hörhilfsmitteln möglich ist. Gemäss Experten, welche ich konsultiert habe, wird in absehbarer Zukunft keine vergleichbar elegante Technologie für Hörgeräteträger zur Verfügung stehen. Bluetooth zum Beispiel benötigt zu viel Energie und ist in keinem gegenwärtig lieferbaren Hörgerät eingebaut.

Danke, dass Sie sich Zeit nehmen, diesen Brief zu lesen. An der Jahrestagung des amerikanischen Schwerhörigenverbands (Hearing Loss Association of America) wurde mir von bedeutenden Herstellern und unabhängigen Experten versichert, dass Klangqualität auf Musikniveau mit induktiven Höranlagen in den meisten grossen Konzertgebäuden erreichbar ist. Das bedeutet, dass viele ernsthafte Musikliebhaber, deren Gehör entweder durchs Alter oder durch eine Krankheit eingeschränkt ist, mit Sicherheit von dieser Technologie Nutzen haben werden.

Weil ich weiss, dass sich das Kennedy Center besonders für die Zurverfügungstellung von Hilfsmittel-Diensten einsetzt, und eine absolut hervorragende Leistung erbracht hat, wollen Sie bitte die permanente Installation der Induktiv-Technologie in Erwägung ziehen. Was mich betrifft, kann ich es kaum erwarten, wieder einen so wundervollen Abend zu erleben wie den, den ich im Kennedy Center hatte. Es gibt so viel Musik vom Nationalen Sinfonie-

Orchester und von so vielen anderen grossartigen Ensembles und Künstlern, die ich liebend gern nochmals live hören würde.

Mit freundlichen Grüssen

Richard Einhorn

Dieser hervorragende Brief spricht für sich selbst und für die Induktionstechnologie[146] und bedarf keines weiteren Kommentars.

[146] An der Dritten Internationalen Konferenz über Induktive Höranlagen im Oktober 2013 in Eastbourne, England spielte Richard Einhorn den Konferenzteilnehmern Ausschnitte aus seinen Werken vor. „Ein besonderer Höhepunkt war seine Demonstration einer Sprachaufnahme vor einem lärmigen Strassencafé. Er spielte zunächst die wegen der Nebengeräusche kaum verständliche Version vor und anschliessend die Version, die er wie bei modernen digitalen Hörgeräten mit digitaler Signalverarbeitung verbessert hatte. Er zeigte auf, dass die Sprachverständlichkeit zwar dadurch verbessert worden sei, dass der erreichte Gewinn (1 dB) aber weit unter dem liege, was an Verständlichkeit etwa durch eine induktive Höranlage (10 bis 15 dB) hätte erreicht werden können." Siegfried Karg, Weltweites induktives Hören, in: Hörgeschädigten-Pädagogik HÖRPÄD 4/2014, S. 159

31 Diskussions-Papier IndukTive Höranlagen

Das folgende Diskussions-Papier, das in einer Arbeitsgruppe der **HEARING LOOPS International Conference 2009** in **Winterthur** / Schweiz vorbereitet wurde, diente als Grundlage für die Resolution.[147]

Wir geben folgende Empfehlungen ab:

Hersteller von Hörgeräten und Cochlea Implantaten

- Hersteller von Hörgeräten und Cochlea Implantaten sollen Induktionsspulen in ihre Hörsysteme integrieren, um schwerhörige Menschen zu befähigen, in schwierigen Hörsituationen, wo Nachhall ein Problem darstellt wie in, aber nicht begrenzt auf Kultusräume(n) oder wo die Distanz zur Schallquelle gross ist wie in, aber nicht begrenzt auf Vorlesungssäle(n), Theater(n) oder wo Hintergrundgeräusche extrem störend sind (Bahnhöfe).
- Hersteller von Hörgeräten und Cochlea Implantaten sollen klare Anleitungen verfassen, wie diese Technologie zu gebrauchen ist (vom Internet herunter ladbar)

HNO-Ärzte

- HNO-Ärzte (Ohrenärzte) sollen ermutigt werden, ihre Patienten über den Nutzen von Induktionsspulen in schwierigen akustischen Situationen zu informieren.

Audiologen und Hörgeräteakustiker

- Audiologen und Hörgeräteakustiker sollten dazu verpflichtet werden, ihre Kunden über den Nutzen von Induktionsspulen zu informieren (z.B. gesetzlich vorgeschrieben in Arizona[148] und Florida[149]) und ihnen die Wahl zu lassen, selbst zu entscheiden, ob sie ein Hörgerät / Cochlea Implantat[150] mit oder ohne Induktionsspule wollen.

---

[147] Text der Resolution im Beitrag 29 „EFHOH IndukTive Höranlagen".

[148] Amy Torres, Arizona T-Coil Law a First, in: Hearing Health, Summer 2007, p. 5.

[149] Inzwischen sind neben Arizona und Florida auch New York und Rhode Island dazu gekommen. **„Rhode Island joins Florida, Arizona, and New York in mandating Telecoil Education.** Four states now mandate that hearing healthcare providers must provide information about the dual versatility of the hearing aid's telecoil to people with hearing loss. Not only do hearing aid telecoils provide audible enhancement for telephones but, in addition, telecoils can link the user into multiple looped venues with poor acoustics". http://hearingdoc.com/hearingnews/rhode-island-joins-florida-arizona-and-new-york-in-mandating-telecoil-education/ (November 13, 2013).

[150] Es sei hier angemerkt, dass heute sämtliche Cochlea Implantate serienmässig mit Induktionsspulen ausgerüstet sind. Als erster Hersteller hat die australische Firma Cochlear im Jahr 2001 mit dem Nucleus 3G die „Telefonspule" in den Sprachprozessor integriert.
Leider fehlt in den im Oktober 2013 herausgegebenen „Basisinformationen Cochlea-Implantat" jeglicher Hinweis auf die Telefonspule / Induktionsspule im CI, und auf die direkte Ankoppelung (ohne

● Audiologen und Hörgeräteakustiker sollten ihre Kunden schulen, wie man die Induktionstechnologie benutzt und ihnen klar und deutlich erklären, wie sie ihr Hörgerät auf Induktion umschalten können (Position „T", IndukTions-Programm)

● Sie sollten dazu verpflichtet werden, in ihrer Praxis / ihrer Klinik eine Audiofrequenz-Induktionsanlage zu haben, die an ein Audiosystem oder an einen Fernsehapparat angeschlossen ist, um ihre Kunden zu befähigen, persönlich induktives Hören zu testen, bevor sie endgültig entscheiden, welche Art von Hörsystem sie wählen wollen.

● Die Telefonspule / das IndukTions-Programm sollte vom Hörgeräteakustiker auf das gleiche Niveau wie das Hörgerätemikrofon eingestellt werden.

Bauherrschaften von öffentlichen Gebäuden

● Jedes öffentliche Gebäude (einschliesslich von Kultusräumen), wo eine Lautsprecheranlage installiert ist, sollte mit einer induktiven Höranlage ausgerüstet sein (z.B. gemäss Norm SIA 500[151] in der Schweiz).

● Wenn eine induktive Höranlage vor Baubeginn bereits korrekt geplant wird, sind die Kosten im Vergleich zu anderen Baukosten vernachlässigbar.

Verantwortliche für Kunden-Schalter (auf Bahnstationen oder in Banken, aber nicht begrenzt darauf)

Zusatzgeräte) an induktive Höranlagen. Es werden nur die „Zusatzgeräte" vorgestellt: „Die Zusatzgeräte sind meist drahtlos und verwenden verschiedene Technologien, um die Verbindung zu anderen Geräten herzustellen, z.B. Funk (FM/Bluetooth) oder Infrarot." Basisinformationen Cochlea-Implantat, hrsg. von pro audito schweiz. Fachkommission Cochlea-Implantat, Zürich 2013, S. 17. Beispielhaft ist jetzt die österreichische CI-Firma MED-EL, welche auf ganzseitigen Inseraten in der amerikanischen Zeitschrift „Hearing Loss Magazine" (z.B. Heft July/August 2014) auf die integrierte Telefonspule („integrated telecoil") hinweist. In der Broschüre „Getting Connected. A How-To Guide" von MED-EL, wird anhand einer Grafik explizit auf IndukTive Höranlagen hingewiesen: „Using an Induction Loop Setup. Used in churches, arenas, classrooms, home theaters, etc." MED-EL Corporation USA, „Getting Connected. A How-To Guide (Using Assistive Listening Devices), Durham, NC no year, p. 9. (Diese Broschüre habe ich an der Jahrestagung des amerikanischen Schwerhörigenverbands im Juni 2014 in Austin, TX am MED-EL Stand erhalten).
Eine ausgezeichnete aktuelle Kurzdarstellung über das Cochlea Implantat und die spezifische Situation in der Schweiz findet sich bei Yves Brand, Pascal Senn, Martin Kompis, Norbert Dillier, John HJ Allum, Cochlear Implantation in children and adults in Switzerland, in: Swiss Medical Weekly 2014 (published 4 February 2014).

[151] Seit 2009 ist die vom Schweizerischen Ingenieur- und Architektenverein verabschiedete Baunorm SIA 500 „Hindernisfreie Bauten" gültig, die vorschreibt: „Versammlungsräume wie Auditorien, Säle, Mehrzweckräume, Kultusräume u.ä. mit Flächen über 80 m^2 als Richtwert ... müssen mit einer Höranlage ... ausgestattet sein." Und weiter heisst es: „Höranlagen sind vorzugsweise als induktive Übertragungsanlagen auszuführen." Hindernisfreie Bauten (SIA 500: 2009 Bauwesen, Schweizer Norm SN 521 500), hrsg. vom Schweizerischen Ingenieur- und Architektenverein, Zürich 2009, S. 27.

● Schalter hinter Glas sollten mit einer induktiven Höranlage ausgerüstet werden, um schwerhörige Menschen zu befähigen, korrekt zu verstehen.

Einhaltung der IEC Norm 60118:4-2006

● Alle neu installierten Induktionsanlagen und wenn möglich auch bereits existierende Anlagen sollen die internationale Norm (IEC 60118:4-2006) einhalten, welche von der Internationalen Elektrotechnischen Kommission (IEC) im Jahr 1981 erlassen worden ist und die 1998 und 2006 revidiert worden ist.

● Nach der Installation sollte jede Induktionsanlage gemessen werden, ob sie der Norm entspricht. Ein schriftlicher Prüfbericht muss erstellt werden, der den Namen der messenden Person, das Datum und den Gebrauch eines kalibrierten Messgeräts enthält. Der Bericht ist zu veröffentlichen.

Kennzeichnung

● Räume mit induktiven Höranlagen sollten klar mit dem IEC-Symbol gekennzeichnet sein, damit schwerhörige Menschen wissen, wo sie diese Technologie benutzen können.

Internationaler Schwerhörigenverband International Federation of Hard of Hearing People (IFHOH), Europäischer Schwerhörigenverband European Federation of Hard of Hearing People (EFHOH), und Internationaler Schwerhörigenverband junger Menschen International Federation of Hard of Hearing Young People (IFHOHYP)

● IFHOH, EFHOH und IFHOHYP, welche schwerhörige und ertaubte Menschen weltweit vertreten, sollten sich auf ein Zertifizierungssymbol für induktive Höranlagen, welche die IEC-Norm erfüllen, einigen.

● Nach der Messung einer induktiven Höranlage sollte dieser Zertifizierungs-Kleber am allgemeinen Höranlagen-Symbol angebracht werden, um schwerhörige Menschen zu befähigen, deutlich zu sehen, ob eine induktive Höranlage normgerecht ist oder nicht. Die induktive Höranlage sollte von Zeit zu Zeit gemessen werden (z.B. alle 5 Jahre)

Nationale und lokale Schwerhörigen-Organisationen

● Nationale und lokale Schwerhörigen-Organisationen sollten (z.B. auf ihrer Webseite) eine Liste von Lokalen mit zertifizierten induktiven Höranlagen in ihrer Region (z.B. auf Google Maps[152]) veröffentlichen.

---

[152] Daniel Ziegler, damals Geschäftsstellenleiter IGGH Bern, hat ein solches Projekt in der Schweiz an der Ersten Internationalen Konferenz über Induktive Höranlagen im Herbst 2009 in Winterthur vorgestellt. Das Verzeichnis ist inzwischen im Internet abrufbar www.hoeranlagenverzeichnis.ch .

Hörgerätekompatible (HAC) Mobiltelefone

- Die Konferenz unterstützt die Entscheidung der Bundes-Kommunikations-Kommission (FCC) der USA zwingend von den Herstellern von Mobiltelefonen zu fordern, Mobiltelefone anzubieten, welche hörgerätekompatibel sind (das heisst, die induktiv mit dem Hörgerät oder Cochlea Implantat verbunden werden können).
- Die Konferenz bittet die Kommunikations-Kommissionen anderer Länder, das Gleiche zu tun.

Neue Technologien:

- Die Teilnehmer der internationalen Konferenz über induktive Höranlagen 2009 sind offen für neue Technologien, die zusammen mit induktiven Höranlagen benutzt werden können oder die sie eines Tages ersetzen können.
- Gegenwärtig ist keine Technologie in Sicht, welche so universal, so kostengünstig und so wirkungsvoll für schwerhörige Menschen ist.
- Die Konferenz hatte ihren Blickwinkel auf induktive Höranlagen in öffentlichen Gebäuden, und nicht auf persönliche mobile Hörhilfsmittel, wo andere Technologien (z.B. Frequenz-Modulation FM) von echtem Nutzen sein können.

Winterthur / Schweiz, den 27. September 2009

32 Digital löst nicht die Probleme im Saal

Während Jahrzehnten wurde bei Hörgeräten die Analogtechnik eingesetzt (etwas sehr vereinfacht gesagt, konnte man die Hörgeräte mit dem Schraubenzieher einstellen).

Der technische Durchbruch, der einem technologischen Quantensprung vergleichbar war, kam mit der Digitaltechnologie[153]. Nun konnte man den durchs Hörgerätemikrofon aufgenommenen Schall in einem Prozessor „digital zerlegen" und mit ausgeklügelten Algorithmen nur das, was man als Sprachschall erkannt hatte, verstärken, und für den Hörer des Hörgeräts wieder in ein analoges Signal umwandeln. Zudem konnte man verschiedene Frequenzbänder einrichten und so den Schall je nach Hörverlust (in einem Audiogramm aufgezeichnet, z.B. Tieftonschwerhörigkeit oder Hochtonschwerhörigkeit) individuell verstärken.

Ich hatte vor Jahren die Gelegenheit, auf Einladung eines Winterthurer Hörgeräteakustikers bei der Vorstellung des weltweit ersten volldigitalen Hörgeräts „Widex Senso" in Olten, Schweiz dabei zu sein. Von der Digitaltechnik war ich sofort überzeugt und habe dann dafür gesorgt, dass meine betagten Eltern, die seit einigen Jahren analoge Hörgeräte hatten, diese Weltneuheit von Hörgeräten bekamen. Der Unterschied war frappant.

Erstaunt war ich, dass ich in den folgenden Jahren immer wieder von Betroffenen erfahren habe, dass sie nicht voll zufrieden mit ihren neuen digitalen Hörgeräten waren.

Vermutlich hat man gemeint – und die Hochglanzprospekte haben dies auch suggeriert -, dass man mit der Digitaltechnologie nun das „(Hör-)Ei des Kolumbus" gefunden habe. So wurde mir auch immer wieder die irrige Behauptung (zum Teil von Industrievertretern) kolportiert, mit den neuen digitalen Hörgeräten „brauche es keine induktiven Höranlagen" mehr.

Dass auch mit der modernsten Digital-Hörgerätetechnologie das Hörgerätemikrofon ab einem Abstand von 8 Fuss[154] (2.8 m) an Grenzen kommt, war

[153] Arthur Schaub, Digital Hearing Aids, New York. Stuttgart 2008.

[154] Darauf hat die amerikanische Audiologin Linda Remensnyder in ihrem Vortrag an der Zweiten Internationalen Konferenz über induktive Höranlagen im Herbst 2013 in Eastbourne, England hingewiesen. Vgl. dazu auch: Linda S Remensnyder, Used Alone, Hearing Aids Fail to Deliver, Audiology Practices Vol. 5, No. 3, August 2013, pp. 30-33. In die gleiche Richtung gehen die Beiträge der amerikanische Audiologin und Dozentin Karen MacLennan (New York). Karen MacLennan / Richard McKinley, Hearing Loops: The WOW Factor – Hearing Beyond 8 Feet, Webinar March 24, 2014, und der Beitrag der amerikanischen Audiologin Juliëtte Sterkens, Hearing Loop Technology.

der Hörgeräte-Industrie seit Jahren bekannt[155], wurde aber tunlichst „verschwiegen“.

Deshalb braucht es weiterhin Technologien, welche in grossen Räumen den Abstand zwischen dem Redenden und dem Hörgerät des Betroffenen massiv verkürzen. Es gilt, den sogenannten Signal-Rausch-Abstand massiv zu erhöhen. Und diese Aufgabe erfüllt die induktive Höranlage immer noch weltweit, frequenzunabhängig und herstellerunabhängig bestens. Was ins Rednermikrofon gesprochen wird, wird drahtlos direkt in die Induktionsspule des Hörgeräts und damit ins Ohr des Hörbehinderten „gesendet“.

Dass auch andere Technologien wie Infrarot, und FM (Funk) diesen Abstand massiv verkürzen können, sei nur angemerkt. Nur kommen diese Technologien in der Regel nicht ohne Zusatzgeräte (IR- oder FM-Empfänger und induktive Nackenschleifen) zum eigenen Hörgerät oder Cochlea Implantat aus.

Hear in Places Where Hearing Devices Alone Are Unable to Deliver, in: Volta Voices Sep/Oct 2014, pp. 18-21.

[155] In meinem Vortrag am Schwerhörigen-Weltkongress und am Weltkongress der Hörgeschädigtenpädagogen im Jahr 2000 in Sydney, Australien „To Loop or not to Loop ... Advanced Technology Induction Loop Systems for Hearing Aids and Cochlear Implants" habe ich dieses Problem bereits erwähnt: Anmerkung 6: "The Swiss hearing aid company PHONAK mentions on its website that with a hearing aid you have problems with reverberation already at a distance greater than 2 meters and therefore suggests their wireless FM-system ‚MicroLink‘ as a possible solution to the problem."

33 Bluetooth: König „Blauzahn“ wirkt nur auf kurze Distanz

Skandinavische Forscher entwickelten vor Jahren eine Drahtlos-Technik und benannten sie nach dem Wikinger-König Harald I. „Blauzahn“ Gormson, der König von Dänemark und von Norwegen war.

Die „Bluetooth“-Technologie war in erster Linie auf kurze Distanzen[156] ausgelegt etwa zum kabellosen Übertragen der Signale von einem Laptop-Computer zum Drucker oder zur drahtlosen Übertragung der Signale einer Computer-Maus zum Personal Computer.

Sehr schnell wurde aber bekannt, dass Bluetooth recht viel Energie benötigt[157]. Dies war ein spezielles Handicap für den Gebrauch der Bluetooth-Technologie mit den winzigen Batterien[158] in Hörgerät.

Zudem muss die Bluetooth-Technik eine Verbindung zum Computer aufbauen („pairing“), was sich in einer Zeitverzögerung[159] auswirkt. Ob das Word-Dokument via Bluetooth einige Sekunden schneller oder langsamer ausgedruckt wird, hat letztlich keinerlei Einfluss auf das Druckergebnis.

Wird die Bluetooth-Technik jedoch vom Mikrofon des Sprechers an einen Bluetooth-Empfänger übertragen, der wiederum mit dem Hörgerät gekoppelt ist, dann sind die Lippenbewegungen des Sprechenden nicht mehr mit dem synchron, was akustisch im Hörgerät ankommt. Dies erschwert das Sprachverständnis besonders für schwerhörige Menschen enorm[160].

---

[156] „Bluetooth systems are intended for short-range transmission, typically 30 ft, or 10 m“. Harvey Dillon, Hearing Aids, Sydney, New York, Stuttgart 2012, pp. 64-65.

[157] Ich habe dies bemerkt, wie schnell sich der Akku geleert hat, wenn ich mit meinem Bluetooth-fähigen Laptop-Computer die Bluetooth-Maus benutzt habe anstatt einer kabelgebundenen Maus. Vgl. hierzu den Vortrag von Dr. Michael Büchler von der CI-Klinik des UniversitätsSpitals Zürich an der Ersten Internationalen Konferenz über Induktive Höranlagen am 27. September 2009 in Winterthur, Schweiz mit dem Titel: “Looking to the future: which transmission technology could be used by anyone with hearing loss?”

[158] „Unfortunately, Bluetooth transmitters so far consume too much battery current for them to be built into the hearing aid itself“. Harvey Dillon, Hearing Aids, Sydney, New York, Stuttgart 2012, p. 65.

[159] „Another disadvantage of Bluetooth ... is that the handshake transmission protocol it employs imparts substantial delay to audio signals. The sound is then desynchronized from visual input, perhaps by enough to disturb lip-reading. A more serious interference problem occurs if the user can hear the original sound source, plus the delayed version arriving via Bluetooth transmission.”

[160] Man sieht dieses Phänomen manchmal auch bei Fernsehübertragungen, dass die Lippenbewegungen nicht synchron mit dem Fernsehton sind, was auch Normalhörenden das Verstehen recht erschwert.

Zudem ist die Bluetooth-Technologie in erster Linie auf kurze Distanzen (z.B. drahtlose Verbindung zum eigenen Mobiltelefon, mp3-Player) ausgelegt.

Fraglich scheint mir, ob sie jemals auch für grosse Räume geeignet sein wird und man damit etwa die Basketball-Arena der Michigan State University[161] oder eine 14‘000 m^2 grosse Fläche im Freien wie beim Papst-Besuch in England im Jahr 2010[162] damit ausrüsten kann.

Als Kommentar zum Artikel von David H. Kirkwood vom 30. April 2014[163], habe ich am 19. Mai 2014 folgenden Text verfasst[164]:

„Ein Hybrid-Hörgerät? IndukTionsspule und Bluetooth
An der Zweijahresversammlung des Internationalen Verbands für schwerhörige Menschen (IFHOH) im Jahr 2002 in Slowenien, berichtete Rob Rademaker aus den Niederlanden enthusiastisch über das neue Projekt „Blaues-Ohr“ („Blue Ear“). Die Europäische Union hatte einen grossen Forschungsbeitrag gesprochen, um die neue Bluetooth-Technologie in Hörgeräte zu integrieren.

Das Projekt wurde begonnen und sehr schnell wieder beendet, weil unter anderem „Bluetooth“ zu viel Energie aus den Hörgeräten zieht. Bluetooth-Technologie war hauptsächlich erfunden worden, um eine Computer-Maus drahtlos mit einem Computer zu verbinden oder einen Laptop-Computer drahtlos mit einem Drucker zu verbinden. (Ich habe immer noch einen sieben Jahre alten HP Laptop Computer mit einer Bluetooth-Maus, die in einem Erweiterungsfach im Computer „versteckt“ ist. Dies ist sehr bequem, denn ich muss so keine zusätzliche Maus haben, wenn ich reise. Aber es belastet den Akku meines Laptops sehr).

Das viel versprechende „Blaues-Ohr-Projekt“ wurde gestoppt. Jetzt im Jahr 2014 (12 Jahre später) haben EHIMA (der Verband der europäischen Hörgerätehersteller) und die Bluetooth-Interessenvertretung sich geeinigt, ein Komi-

---

[161] Siegfried Karg, Gemeinsames Ziel: Weltweites induktives Hören, in: Spektrum Hören. Das Magazin für Schwerhörige 6/2013, S. 50: „In den USA ist ... inzwischen eine Bewegung entstanden, bei der sich Betroffene für induktives Hören einsetzen. So sind in den vergangenen Jahren Tausende von Vortragssälen, Kinos, Kirchen und Stadien mit professionell erstellten Induktionsanlagen ausgestattet worden. Das derzeit wohl grösste Projekt ist die 12 000 Plätze umfassende Basketball-Arena der Michigan State University.“

[162] Ebd., S. 51: „Die wohl grösste induktive Höranlage im Freien wurde 2010 extra für den Besuch des Papstes im Vereinigten Königreich auf einer Fläche von 14 000 Quadratmetern installiert.“

[163] Search for new wireless standards worries some, April 30, 2014. www.hearinghealthmatters.org

[164] http://hearinghealthmatters.org/hearingnewswatch/2014/hearing-industry-seeks-new-wireless-standard-hearing-aids-t-coil-advocates-say-fast/

tee zu bilden, um eine neue Bluetooth-Norm aufzustellen, welche auch mit Hörgerätebatterien funktioniert[165].

Werden wir weitere 12 Jahre auf die Implementierung dieser Norm in Hörgeräte warten müssen? Wird diese Technologie diesmal funktionieren und die Induktionsspule / Telefonspule und IndukTive Höranlagen komplett ersetzen? Um dies zu erreichen muss sie so sein wie IndukTionsspulen: ähnlich einfach, kostengünstig, auf alle Hörgeräte-Marken und –modelle anwendbar, energieeffizient, ohne Zeitverzögerung, und in der Lage sein, Hörhilfe an kleinen und privaten wie an grossen und öffentlichen Orten zu liefern.

Warum sollten wir also nicht „Hybrid"-Hörgeräte haben mit praktisch Gratis-IndukTionsspulen (für das Hören in öffentlichen Räumen) und Bluetooth (für private Anbindung wie zum Beispiel ans eigene Smartphone)? Konsumenten können dann benutzen, was sie wollen (zum Beispiel die IndukTionsspule an einem Service-Schalter, Flughafen, Theater, Hörsaal oder Kultusraum) oder sie können Stereomusik mit ihrem eigenen Smartphone oder Tablet-Computer hören.

Es gibt Hybrid-Autos auf dem Markt, die sowohl Benzin als auch elektrische Batterien benutzen. Warum sollten wir nicht Hybrid-Hörgeräte haben?"[166]

Was die Bluetooth-Technologie anbetrifft, werden wir warten müssen, was die Zukunft uns bringt, und ob die hochgesteckten Ziele der Industrie auch im Bereich von grossen Räumen (large area systems) von Erfolg gekrönt sein werden[167].

---

[165] Pressemeldung vom 17. März 2014.

[166] Der Beitrag ist im Original auf Englisch erschienen.

[167] Für dieses Buch habe ich die beiden Zeitschriften „dezibel" (Schweiz) (ab 1996) und „Hearing Loss Magazine" (USA) (ab 1998) nochmals durchgeschaut und musste schmunzeln, wie sich die Superlative hinsichtlich neuer technologischer Entwicklungen auf dem Hörsystem-Markt geradezu von Jahr zu Jahr „überschlagen". Wenn ich mit Betroffenen rede, und sie mir trotz Hightec ihre konkreten Hörprobleme schildern, dann frage ich mich manchmal, ob die Hochglanzprospekte und –inserate auch nur annähernd die Realität schwerhörender Menschen abbilden oder ob das Motto gilt: Papier ist geduldig.
Es ist sicher sehr zu begrüssen, wenn die Industrie alles daran setzt, technische Verbesserungen auf den Markt zu bringen. Aber ich frage mich ernsthaft, wie minimal diese Verbesserungen tatsächlich sein müssen, denn im ehrlichen Gespräch mit Betroffenen erfahre ich auch im Dezember 2014 immer noch, wie kompliziert Hören und Verstehen für schwerhörige Menschen trotz modernster Hörcomputer ist.

34 Die doppelte Verwendung der „Telefonspule" als drahtlose Empfangsspule

Obwohl die „Telefonspule / Induktionsspule / Induktionsempfangsspule / T-Spule / Hörspule" schon seit Jahrzehnten[168] bekannt ist, wurde sie in den letzten Jahrzehnten auch innerhalb der Fachwelt mehr und mehr „verschwiegen". Die Gründe hierfür mögen vielfältig sein. Ob wohl der Hauptgrund darin liegt, dass diese Technologie so „kostengünstig" ist, und sich damit praktisch nichts verdienen lässt? Die Antwort auf diese Frage überlasse ich dem geneigten Leser / der geneigten Leserin.

Zumindest ein Grund mag auch in der Bezeichnung liegen. Historisch war die Telefonspule tatsächlich fürs Telefonieren gedacht. Aber sehr bald hat man realisiert, dass man die Telefonspule auch als Empfangsspule für IndukTive Höranlagen benützen kann. Hierin liegt meines Erachtens noch ihr viel grösserer Nutzen, denn ohne Höranlage ist in grossen Räumen die Sprachverständlichkeit auch für Hörgeräteträger massiv eingeschränkt. Auch Beschallungsanlagen (Lautsprecher) nützen dem Schwerhörigen wenig bis nichts[169]. Hier kommen IndukTive Höranlagen zum Zuge.

Dass die Induktionstechnologie im deutschsprachigen Raum[170] immer noch vielfach ein „Dornröschen-Dasein"[171] führt, hängt auch damit zusammen,

[168] „Development of the induction pickup coil for hearing aid aids began in 1947 when Samuel Lybarger, then chief engineer with the Radioear hearing aid company, discovered that magnetic energy leaked out from the receiver in the telephone handset. He also found that this magnetic leakage could be quite useful for hearing-impaired persons if it was sensed with a small induction coil in the hearing aid and then amplified (Lybarger, 1947). Because the pickup is inductive rather than acoustic, the acoustic feedback path created by the telephone receiver will not be sensed by the hearing aid microphone. Also, if only magnetic leakage from the telephone is picked up, environmental sounds will not be heard. As a result of Lybarger's work more than 50 years ago, induction coils (also called telecoils) are now routinely used in hearing aids as an alternate to the microphone but also from audio loops in auditoriums and meeting rooms and from other assisted listening devices." David A. Preves, James R. Curran, Hearing Aid Instrumentation and Procedures for Electroacoustic Testing, in: Audiology Treatment, edited by Michael Valente, Holly Hosford-Dunn, Ross J. Roeser, New York. Stuttgart 2000, p. 39.

[169] Heinz Nafzger hat zu der Thematik am Beispiel eines Kirchenraums eine hervorragende PowerPoint-Präsentation erstellt, die auf plausible Art und Weise erklärt, warum es für schwerhörende Menschen IndukTive Höranlagen braucht, und warum Lautsprecher hier nicht weiterhelfen. Seine pädagogisch geniale Darstellung hat inzwischen bereits den Siegeszug um die Welt angetreten. Unter anderem wurde sie von der „American Academy of Audiology" übernommen.

[170] Rudolf Blankenhahn, Hörgeräte-Ratgeber, Stuttgart 1993, S. 112: „Der Vorteil der Induktions-Anlagen liegt darin, dass das Empfangsteil meistens nicht gekauft werden muss, sondern sich schon im Hörgerät befindet: nämlich die Hörspule. Die Kosten sind damit relativ gering."

[171] Dietfried Gewalt, in: Einführung in die Schwerhörigenseelsorge, Hamburg 2000, S. 224: „Höranlagen gehören zum Service-Angebot der Gemeinden und dürfen nicht schamhaft verschwiegen werden." Jürgen Kiessling, Endlich wieder besser hören, Stuttgart 2002, S. 109: „Ähnlich wirken sich die Vorteile einer Induktionsübertragungsanlage aus ... Das setzt allerdings

dass das Thema in den deutschsprachigen Lehrbüchern der Hörgeräteakustik und der Audiologie[172] und der Hörakustik[173] und auch der Ohrenheilkunde[174] nur ganz am Rande[175] behandelt wird[176]. Auch spezifische Fragen nach dem Verstärker für die „Ringleitung" werden nur angedeutet[177]

---

voraus, dass der Raum (Vortrags- und Konzertsäle, Kirchen, andere öffentliche und private Räume) technisch entsprechend ausgestattet ist, was leider noch viel zu selten der Fall ist." In der 2., vollständig überarbeiteten Auflage des Buches von Jürgen Kiessling, Birger Kollmeier, Gottfried Diller, Versorgung und Rehabilitation mit Hörgeräten, Stuttgart. New York 2008, S. 180 werden "Induktionsschleifen" und ihre Wirkung zwar noch erwähnt: „Sie bewirken eine Reduzierung des Störschalls und überbrücken den Abstand zwischen dem akustischen Signal und dem Hörer." Und im Nachsatz heisst es dann: „Zwischenzeitlich wird die Induktionsspule immer mehr durch den Audioeingang abgelöst. An den *Audioeingang* können direkt andere elektroakustische Geräte über ein Kabel angeschlossen werden."

[172] Martin Kompis, Audiologie, Bern 2013, S. 217: „Neben dem Mikrofonsignal können viele HdO-Geräte über eine eingebaute Telefonspule ... auch direkt elektromagnetische Signale aufnehmen. Ursprünglich für die elektromagnetische Streustrahlung des Telefonhörers gedacht, ist die Telefonspule auch für den Empfang der Signale sogenannter Ringleitungen, z.B. in Kirchen und Vortragssälen geeignet. Dadurch, dass das Signal direkt, also ohne den Umweg über den (halligen) Raum und das Mikrofon zum Hörgerät gelangt, können bei abgeschaltetem Hörgerätemikrofon Störgeräusche und Nachhall reduziert und die Sprachverständlichkeit verbessert werden." Weitere Angaben dazu (etwa was eine Ringleitung ist und wie sie funktioniert) findet man im Buch leider nicht.

[173] Jens Ulrich, Eckhard Hoffmann, Hörakustik: Theorie und Praxis, Heidelberg 2011, S.195: "Schwerhörigenanlagen. Wo auf eine Beschallungsanlage nicht verzichtet werden kann, muss auch die Installation einer Schwerhörigenanlage in Erwägung gezogen werden." S. 195.

[174] Die beiden Professoren an der HNO-Klinik der Technischen Universität München Karl-Friedrich Hamann, Werner Schwab, Schwerhörigkeit. Störung der zwischenmenschlichen Kommunikation, Ursachen, Diagnose und Behandlung, Hörverbessernde Operationen und Hörgeräteversorgung, Stuttgart 1991, S. 123 erwähnen im Abschnitt „Aufbau eines Hörgeräts" die Telefonspule überhaupt nicht. Unter „Sondereinrichtungen eines Hörgeräts" heisst es: "Beim Patienten mit einer HdO-Geräteversorgung taucht das Problem auf, dass beim Telefonieren der Schall des Hörers nicht auf das Mikrofon trifft sondern auf die verschlossene Ohrmuschel. Deswegen besteht für HdO-Geräte die Möglichkeit, über eine sogenannte Telefonspule, den vom Telefon übermittelten Schall direkt an das Hörgerät zu leiten. Dies Problem stellt sich nicht für den Träger eines IdO-Gerätes, da dort das Mikrofon an der natürlich vorgegebenen Position liegt". Die Frage, ob der letzte Satz nicht eine Illusion darstellt, mögen Betroffene selbst beantworten. Zudem wird die Möglichkeit, die Telefonspule zusätzlich für eine IndukTive Höranlage zu benutzen, erst gar nicht erwähnt.

[175] Jens Ulrich, Eckhard Hoffmann, Hörakustik: Theorie und Praxis, Heidelberg 2011. „Das grösste Problem ist, einen Hörgeräteträger zur Verwendung von Schwerhörigenanlagen zu bewegen. In der Regel will er sich nicht als Hörgeräteträger zu erkennen geben. Er wird sich nur schwer in einen Bereich setzen, der durch ein entsprechendes Schild gekennzeichnet ist (Bei Induktionsanlagen der Bereich, in dem die Induktionsschleife liegt) und bei den anderen Anlagetypen sind die Empfänger und die Kopfhörer für jeden deutlich wahrnehmbar." S. 196. Ist die IndukTive Höranlage im gesamten Raum installiert, was die Regel sein sollte, muss der „Bereich, in dem die Induktionsschleife liegt" gar nicht „durch ein entsprechendes Schild gekennzeichnet" sein.

[176] Die Telefonspule wird folgendermassen beschrieben: „Eine Induktion erfolgt stets, wenn sich ein Leiter im Magnetfeld bewegt und die Bewegung nicht parallel zu den Feldlinien erfolgt. Eine Induktion findet aber auch dann statt, wenn sich bei einem ortsfesten Leiter nur die Stärke des Magnetfeldes ändert. Dieses Prinzip macht man sich bei der T-Spule zunutze." Ebd., S. 485.

[177] "Ringschleifen-Verstärker. Ringschleifen-Geräte werden für kleinere Konferenzräume und den häuslichen Bereich hergestellt. Auch Kirchen, Museen und andere öffentliche Gebäude sind mit

Vorbildlich ist hier das Standardwerk über Hörgeräte von Harvey Dillon[178], Forschungsdirektor der „National Acoustic Laboratories of Australia“ in Sydney, Australien. Er hat ein ausführliches Kapitel über „Induction Loops“ und geht auch auf Detailfragen wie magnetische Feldstärke, Frequenzgang der Induktionsschleife, die Installation und Verbesserung einer Induktionsschleife sowie das Schleifendesign[179] ein.

In den amerikanischen Audiologie-Publikationen kommt die Telefonspule durchaus prominent vor. So etwa wird im Beitrag von Stephen C. Thompson, Forschungsdirektor von Knowles Electronics in Itasca IL, explizit die doppelte[180] Verwendung der „Telefonspule“ erwähnt. Er weist auch darauf hin, dass Telefonspule nicht gleich Telefonspule ist. Es gibt „aktive“ Spulen mit einem Vorverstärker und „passive“[181]. Aktive Telefonspulen sind bei der Verwendung mit Mobiltelefonen besser gegen Interferenzen abgeschirmt.

Die Telefonspule kann aber auch das schwache oszillierende Magnetfeld einer IndukTiven Höranlage empfangen[182]. Ebenfalls erwähnt er die bekannte Tatsache, dass der Empfang der Telefonspule direkt über der Induktions-

---

Ringschleifen ausgestattet. Sie werden mit der jeweiligen Tonquelle verbunden und induzieren über die Ringleitung eine Spannung in der T-Spule des Hörgerätes.“ Ebd. S. 1277.

178 Harvey Dillon, Hearing Aids, Second Edition, Sydney / New York, Stuttgart 2012.

179 Dillon erwähnt auch die grossen Vorteile des sogenannten „phased-array loop“, etwas, was in den sonstigen Lehrbüchern der Audiologie noch fehlt. „An even more effective solution is to use two separate loop systems in complex patterns covering the same area. The second loop is driven by a second amplifier, which produces a signal 90° out of phase with the signal from the first amplifier. Each complex loop provides a field in the dead spots of the other loop, and the 90° phase shift prevents the two magnetic signals from cancelling each other in places where they are both strong. This combination, which is called a ***phased-array loop***, results in a very uniform magnetic field, even if the area is large, and minimal spillover outside the area of the loops.“ Ibid., p. 61. Die Firma Ampetronic bietet jetzt mit dem „MLD9 MultiLoop driver“ ein Gerät an, in welches das 90° „phase shift“ ins selbe Gerät bereits integriert ist.

180 The telecoil „is also used as the input device when using certain ALDs such as a magnetic loop system in a public place“. Stephen C. Thompson, Microphone, Telecoil, and Receiver Options: Past, Present, and Future, in: Hearing Aids: Standards, Options, and Limitations, edited by Michael Valente, second edition, New York. Stuttgart 2002, p. 64.

181 "Such a coil is called a *telecoil*. ...Because of the required small size of the telecoil, the signal level from the coil is very limited and special amplifier circuits are needed. A recent innovation in telecoil design has the telecoil amplifier directly to the coil in a common package that is not significantly larger than the coil alone. This slightly simplifies the circuitry required in the hearing aid and significantly reduces the possibility of cellular telephone transmission interference in the telecoil circuitry. This integrated unit is known as an *active telecoil*. When necessary for clarity, the conventional coil alone is called a *passive telecoil*." Ibid, p. 88.

182 "The telecoil is not limited to sensing the magnetic field only from a telephone receiver. It will sense any oscillating magnetic field. This is the operating principle for the magnetic loop assistive listening system often used in classrooms and large public spaces. Such systems enclose an entire room or a section of a room with a coil that radiates a small magnetic field that can be sensed either by a hearing aid telecoil or by a separate ALD unit with headphones. On a smaller scale, the telecoil is used to receive signals from personal FM systems and other devices." Ibid, p. 89.

schleife Null ist[183]. Weiter weist er auf die sogenannten „hörgerätekompatiblen“ (hearing aid compatible) Telefone mit eingebauter Streufeldspule hin. Seit einigen Jahren müssen in den USA alle Festnetztelefone „hearing aid compatible HAC“[184] sein. Auch müssen die Anbieter einzelne hörgerätekompatible Mobiltelefone in ihrem Angebot haben.

Peter O. Bengtsson und Preben B. Brunved behandeln IndukTive Höranlagen recht ausführlich[185] und stellen auch die IEC-Norm detailliert vor. So weisen sie etwa darauf hin, dass die Feldstärke so gewählt werden muss, dass sie einen akzeptablen Signal-Rausch-Abstand produziert, aber sie darf nicht so hoch sein, dass sie eine Übersteuerung im Hörgerät verursacht[186]. Auch mit der leider immer wieder anzutreffenden Falschinformation, die Induktionsschleife müsse auf Kopfhöhe und nicht auf Bodenhöhe (oder in speziellen Fällen auf Deckenhöhe) verlegt werden, räumen sie auf[187].

Dass es verschieden „starke“ Induktionsspulen gibt, zeigen Douglas L. Beck und Preben Brunved am Beispiel der Telefonspulen der Firma Oticon auf[188]. Sie behandeln auch die Frage, wann die horizontale oder die vertikale Positionierung der Telefonspule besonderen Sinn macht. Für IndukTive Höranlagen muss die Spule vertikal[189] eingebaut sein.

---

183 „If the coil is aligned at a right angle to the field, its output is zero.“ Ibid. Dieses Problem taucht etwa in kleinen Dorfkirchen auf, wo die Induktionsschleife korrekterweise am Boden den Wänden entlang verlegt ist, und die Kirchenbänke zugleich bis an die Wand gehen. Hier empfiehlt es sich für Hörgeräte-Tragende auf Plätzen zu sitzen, welche mindestens 1m von der Wand (Induktionsschleife) entfernt sind.

184 Auf den Festnetztelefonen in den USA, die man in jedem Supermarkt kaufen kann, steht folgender Hinweis: „Telephones identified with this logo [= Compatible with Hearing Aid T-Coil, TIA-1083] have reduced noise and interference when used with T-coil equipped hearing aids and cochlear implants. The TIA-1083 Compliant logo is a trademark of the Telecommunications Industry Association.“

185 Peter O. Bengtsson, Preben B. Brunved, When Hearing Aids Are Not Enough. The Need for Assistive Devices, in: Audiology Treatment, edited by Michael Valente, Holly Hosford-Dunn, Ross J. Roeser, New York. Stuttgart 2000, pp. 581-599.

186 „The magnetic field strength must be chosen so that it is high enough to produce an acceptable SNR, but not so high as to cause overloading of the hearing aid.“ Ibid, p. 587.

187 „Installing the loop on a wall at normal listening height (4 ft. above the floor for an adult person sitting down) will result in an intensive field strength increase closer to the wall and should be avoided.“ Auch in der von der Firma Ampetronic herausgegebenen Broschüre Designing Induction Loops, Newark U.K. o.J., heisst es auf S. 11: unter “loop location” “Never install a loop at head height !!!”.

188 Douglas L. Beck / Preben Brunved, T-Coils: Beyond the Telephone, in: News from Oticon, October 2006, pp. 1-8.

189 „In general, looped signals are transmitted horizontally. To maximally receive a looped signal, it is best for the T-coil to be placed vertically. Unfortunately, the best orientation for telephone purposes is generally horizontal. However, telephones can be easily repositioned to take advantage of the ‘sweet spot’ (position of maximal reception) as needed. Therefore, we generally recommend T-coils be placed vertically.” Ibid., p. 4.

Trotz der bleibenden Bedeutung der T-Spule beklagen sie auch, dass viele Audiologen / Hörgeräteakustiker und auch viele Betroffene den vielfältigen Gebrauch der Induktionstechnologie nicht in Erwägung gezogen haben[190].

Mark Ross erwähnt Hörgeräte, welche mit einer sogenannten „Auto-Telecoil" ausgestattet sind, welche sich etwa beim Telefonieren mit einem Telefonhörer mit Streufeldspule selbst umschaltet[191].

Eine der neusten Publikationen zur T-Spule stammt von Michael Valente, Audiologieprofessor an der Washington University School of Medicine in St. Louis, Missouri[192]. Erfrischend ist, dass der bekannte Forscher, der wichtige Werke zur Audiologie[193] und zu Hörgeräten[194] herausgegeben hat, im ersten Satz freimütig sagen kann: „Über die Telefonspule zu reden ist etwas, das re-

---

[190] „Nonetheless, despite the utility and ease of use of T-coils, many audiologists and patients have not previously considered the multiple uses and sound sources deliverable via T-coil technology when enhanced through modern loop systems. Loop systems are inexpensive, easy to install, and loop systems expand the applicability of T-coils beyond the electromagnetic coupling of telephones and hearing aids.
Therefore, for many patients, T-coils offer an extraordinary value as well as an alternative sound delivery system for telephones, television, lecture halls, banks, and an increasing number of public venues." Ibid., pp. 7-8.

[191] "Automatic telephone coils (Auto T-coils) is another adaptive feature that can be found in many premium hearing aids. All a user has to do is answer the phone normally, and the T-coil in the hearing aid will automatically be switched on. After a stumbling start (the first Auto T-coil did not work with induction loop systems), most hearing aid companies now apparently make provision for both the Auto T-coil and for a way to manually access the T-coil for other than telephone usage (as an assistive listening device receiver).
However, while hearing instruments may include this capability, the aids do have to be appropriately programmed in order for the capability to be realized. Since most new hearing aid users probably have never heard of a T-coil, it is up to the dispensing professional to inform his or her clients what it is, how it should be used with both telephones and with induction loop systems, and what the clients have to do to access it on their hearing aid (e.g., toggling to the right memory).
This is where the human factor comes in; too often, from what I keep hearing, the T-coil is often the forgotten element in the hearing aid selection and fitting process. It may not be as glamorous as the other features in an environmentally adaptive hearing aid, but it does directly impact upon the basic purpose of a hearing aid, and that is for the person to hear better in many types of situations. As one personal example, I use the T-coil in my hearing aid and cochlear implant while talking on the telephone (a neckloop permits me to use both ears); at religious services, I plug a neckloop into the provided FM receiver; and, finally, I listen to the TV using a small floor loop connected to the TV. It is the T-coil that makes all these functions possible and I can't imagine being without it." Mark Ross, Environmentally Adaptive Hearing Aids. A Look at Digital Hearing Aid Features, in: Hearing Loss Magazine, Vol. 30, No. 3, May/June 2009, p. 20.

[192] Michael Valente, The Telecoil: The Lonely Transducer that Can Be a Big Producer, in: Audiology Online, July 2013 http://www.audiologyonline.com/

[193] Audiology Treatment, edited by Michael Valente, Holly Hosford-Dunn, Ross J. Roeser, New York. Stuttgart 2000 (insgesamt 786 Seiten).

[194] Hearing Aids: Standards, Options, and Limitations, edited by Michael Valente, second edition, New York. Stuttgart 2002 (425 Seiten).

lativ neu für mich ist.“[195] Valente behandelt dann sehr ausführlich die Programmierung des Hörgerätemikrofons und der Telefonspule.

Dass Hörgeräte bei einer gewissen Distanz zur Schallquelle an Grenzen kommen[196], hat mit den Gesetzen der Physik[197] zu tun und ist auch der Hörgeräteindustrie wohlbekannt. Dieses Problem wurde auch nicht durch die moderne Digitaltechnologie[198] gelöst.

Hier braucht es „assistive listening devices“ (Hörhilfsmittel). Die älteste Technologie und nach meinem Dafürhalten immer noch die sinnvollste Technologie[199] sind „IndukTive Höranlagen“.

Das schliesst aber nicht aus, dass in bestimmten Situationen, etwa wo absolute Vertraulichkeit gefordert ist, die Infrarottechnologie zum Einsatz kommen kann (mit dem grossen Nachteil, dass der Betroffene zusätzlich zum Hörgerät oder CI einen Infrarotempfänger einsetzen muss, der zusätzlich über eine induktive Nackenschleife mit dem Hörsystem gekoppelt wird) oder dort, wo es um Mobilität geht, kommt Funk „Frequenz Modulation“ (FM) zum Einsatz (nicht einmal ich möchte um das Matterhorn eine Induktionsschleife legen!). Auch bei FM ist in der Regel auch ein separater FM-Empfänger nötig.

---

[195] Michael Valente, The Telecoil, ibid. p.1.

[196] Harald Seidler, Schwerhörigkeit, Heidelberg 1996, S. 102: „Die Hörgeräteversorgung stellt die wichtigste Massnahme ärztlicher Hilfe für Hörgeschädigte dar. Eine gute Hörgeräteanpassung verbessert in der Regel die Sprachverständlichkeit und Kommunikationsfähigkeit der Hörgeschädigten deutlich. Dabei muss man allerdings berücksichtigen, dass auch die beste Hörhilfe keinen Ersatz für ein normales Hören darstellt.“ Und der selbst hörbehinderte Ohrenarzt Seidler fährt fort: „Die Grenzen der Hörgeräte zeigen sich einmal in akustisch schwierigen Situationen (massive Nebengeräusche, hallige Räume wie Kirchen, Konzertsäle, grosse Distanzen zur Schallquelle).“ Ebd.

[197] Wolfgang Fasold / Eva Veres, Schallschutz und Raumakustik in der Praxis, Berlin 1998, S. 136: „Die Nachhallzeit ... ist ... diejenige Zeit, in der nach Beenden der Schallabstrahlung in einem Raum der Schalldruck auf ein Tausendstel seines Ausgangswertes, d.h. der Schalldruckpegel um 60dB gesunken ist.“ „Die optimalen mittleren Nachhallzeiten liegen für Sprache ... niedriger als für Musik.“ Ebd., S. 137. Zur Frage des Nachhalls siehe auch: Carl C. Crandell, Joseph J. Smaldino, Room Acoustics for Listeners with Normal-Hearing and Hearing Impairment, in: Audiology Treatment, edited by Michael Valente, Holly Hosford-Dunn, Ross J. Roeser, New York. Stuttgart 2000, pp. 601-637.

[198] So schreibt der selbst hörgeminderte Professor für Audiologie Jürgen Kiessling, Endlich wieder besser hören, Stuttgart 2002, im Vorwort hinsichtlich der Unterversorgung mit Hörgeräten: „Der Hauptgrund für diese Unterversorgung liegt wohl darin, dass in unserer Gesellschaft der Themenbereich ‚Hören, Hörstörungen und Hörgeräte‘ leider noch zu wenig beachtet und vielfach sogar verdrängt wird. Hinzu kommt, dass die Erwartungen an Hörgeräte oft zu hoch angesetzt werden, indem Hörgerätenutzer ihr Kommunikationsvermögen mit Normalhörenden vergleichen. Da derartige Ansprüche auch von modernsten Hörgeräten nicht in vollem Umfang erfüllt werden können, kann die Diskrepanz zwischen Anspruch und Realität zu Enttäuschungen führen, was zu der erwähnten Unterversorgung mit Hörgeräten beitragen mag.“

[199] Max Meyer, Bauen für Hörbehinderte. Leitfaden für Architekten, Fachplaner und Bauträgerschaften, Zürich 2009, S. 54: „Induktive Höranlagen sind gegenüber anderen Übertragungssystemen vorzuziehen, da sie keine zusätzlichen bereitzustellenden Empfangsgeräte erfordern.“

Der Hörgeräteindustrie ist es erfolgreich gelungen, die IndukTivtechnologie über Jahre „zu verschweigen“. Dass die Betroffenen (vor allem in den USA) jetzt dagegen aufgebehren und sich nicht mehr länger durch Hochglanzprospekte von der Industrie „gängeln“ lassen, ist ein sehr positives Zeichen von mündigem Konsumentenbewusstsein. Auch in den USA wurde diese Technologie leider lange vernachlässigt[200].

So schreibt die selbst stark hörbehinderte frühere Redakteurin der New York Times, Katherine Bouton, in einem Bericht über die von „Hearing Link“, dem englischen Schwerhörigenverband, organisierte Dritte Internationale Konferenz über Induktive Höranlagen im Herbst 2013 in Eastbourne, England: „Es gibt eine einfache Lösung, aber sie wurde in den USA links liegen gelassen: Induktive Höranlagen (hearing loops).“[201] In einem neueren Beitrag beklagt sie, dass ihre Audiologin sie nie über die Telefonspule orientiert hat[202]. Sie hat die verschiedensten Technologien bereits ausprobiert und kommt zum Schluss, dass ihr keine andere Technologie so viel gebracht hat wie die „Induktionstechnologie“ („looping“)[203].

---

[200] So beklagt Mark Ross noch 1999 die Situation in den USA: “Large-area assistive listening systems, however, were basically unknown in this country until the 1970s. (Prior to this time, some venues used earphones that plugged into a junction box at designated seats). In several European countries, on the other hand, induction loop systems in churches and auditoriums were already very common. For example, most of the churches in Denmark were looped by 1960. In our country, in the middle and late 1960s these systems were only used in educational settings for children with hearing loss.” Mark Ross, Developments in Hearing Technologies: An Overview of the Last 50 Years. PART I, in: Hearing Loss, Vol. 20, No. 6, November/December 1999, p. 31.

[201] Katherine Bouton, Simple Tech Fix Could Allow Millions to Hear, in: Bloomberg View, November 4, 2013.

[202] Katherine Bouton, Living with Hearing Loss, in: Hearing Loss and Healthy Aging: Workshop Summary, edited by Tracy A. Lustig and Steven Olson, Washington D.C. 2014, p. 12: „Her audiologist did not explain that getting the most from a hearing aid takes practice and patience. She did not refer Bouton to a hearing loss support group. She did not tell Bouton about the rehabilitation programs available on the Internet. None of her hearing aids had a telecoil (also known as a T-coil) until 2 years ago when she specifically asked for one. ... This isn’t unusual - 40 percent of hearing aids today still do not have T-coils.”

[203] “In the past few years she has had a chance to experience looping, in which a wire installed around the perimeter of a room sends a signal to the telecoils in hearing aids and cochlear implants. Looping enables her to hear better than any technology she has used before. It does not require extra equipment or another charger. She does not have to put anything around her neck or on her head. She noted that looping does not solve all problems, however. People who are profoundly deaf or do not wear a hearing aid with a telecoil or have an implant cannot benefit from it. Moreover, it cannot be used if people do not know that looping is available. Loop signs should be displayed both inside and outside venues, she said, and venues should advertise on the World Wide Web and in print that they are looped.
Furthermore, relatively few venues have installed looping. Consumers do not know what it is and do not ask for it. Even Bouton’s audiologist did not know about looping and did not realize how useful it would be for her. ‚You want more gray hair in your audience? Get that looping system in there.‘” Ibid., p. 13.

An der Dritten Internationalen Konferenz über IndukTive Höranlagen im Herbst 2013 in Eastbourne, England brachte es Per Kokhom Sørensen vom dänischen Hörgerätehersteller Widex und Mitglied einer Arbeitsgruppe der europäischen Hörgerätehersteller EHIMA auf folgenden Nenner: „*Wir werden noch Jahre mit der gegenwärtigen Induktionstechnologie leben.*“[204]

Ein oftmals viel zu selten genannter absoluter Pluspunkt der Telefonspule ist ihr praktisch vernachlässigbarer Energieverbrauch. Dies ist gerade bei den winzigen Hörgerätebatterien[205] sehr wichtig.

Dass die Telefonspule im Vergleich zu anderen Technologien (etwa FM oder Bluetooth) die sparsamste Technologie hinsichtlich Batterieverbrauch ist, wurde sogar von den Vertretern der Hörgerätehersteller[206] an der Jahrestagung des amerikanischen Schwerhörigenverbands am 26. Juni 2014 in Austin, Texas bestätigt[207].

In der Oktobernummer 2014 der online verfügbaren „The Hearing Review“ listen die Autoren Sergei Kochkin, Juliëtte Sterkens et al. folgende Vorteile der Induktionstechnologie gegenüber anderen Technologien auf:

„*Während alle Grossraum-Hörhilfsmittel dem Endverbraucher einen verbesserten Signal-Rausch-Abstand liefern, haben induktive Höranlagen mehrere klare Vorteile:*

1. Sie sind universal und direkt kompatibel mit jeder Marke von Hörgeräten oder Implantaten, welche eine Induktionsspule haben.

2. Sie wahren die Würde[208], weil sie den Benützer des Hörsystems nicht nötigen, die Aufmerksamkeit auf sich zu ziehen.

3. Sie sind praktisch, weil der Benutzer sich nicht die Zeit nehmen muss, portable Empfangsgeräte und Geräte, die man direkt ans Hörsystem ankoppeln kann, auszuleihen und am Schluss wieder zurück zu geben.

---

[204] Siegfried Karg, Gemeinsames Ziel: Weltweites induktives Hören, in: Spektrum Hören. Das Magazin für Schwerhörige 6/2013, S. 51.

[205] An der Konferenz in Austin klagte mir ein Teilnehmer aus New York City, dass die Batterie an seinem FM-Empfänger im Cochlea Implantat nach 5 Minuten schon leer sei, wenn er sein neues Hightec-FM-Drahtlos-Mikrofon damit benutze.

[206] Bill Dickinson (Phonak), Annette Mazevski (Oticon), John A. Nelson (ReSound), Thomas A. Powers (Siemens), Dennis D. Van Vliet (Starkey).

[207] Hearing Aid Manufacturers Panel: Wireless Innovation to Help Connect with your World, HLAA Convention, Austin, TX, June 26, 2014.

[208] „Ursprünglich wurde das induktive Hören entwickelt, um dem Träger eines Hörgeräts den Kino- und Theaterbesuch zu erleichtern und ihn von bestimmten mit Anschlüssen versehenen Plätzen unabhängig zu machen.“ Gerhart. Lindner, Pädagogische Audiologie. Ein Lehrbuch zur Hörerziehung, Berlin 1992, S. 260.

4. Sie sind leicht zu gebrauchen in flüchtigen Kommunikationssituationen wie an Empfangs- oder Informationsschaltern.

5. Sie sind elegant im Aussehen und benötigen keine übertriebene Menge an Training weder für die Benutzer noch für die Installateure.

Wir sind der Meinung, dass Induktionsspulen und induktive Höranlagen die Aufmerksamkeit der Hörgeräteindustrie und der Hörgeräteakustik-Fachleute verdienen, weil diese einfachen Geräte die Benutzerfreundlichkeit in den verschiedensten Hörumgebungen (multiple environmental listening utility MELU) dramatisch erhöhen."[209]

Der Mitautor der oben genannten Studie, in der Fragebogen von schwerhörigen Menschen ausgewertet worden sind, Sergei Kochkin, bis vor kurzem der Direktor des von der Hörgeräteindustrie finanzierten „Better Hearing Institute" in Washington D.C., wurde auch schon als der „Guru" der Hörgeräte-Marktstudien (MarkeTrek) bezeichnet. Er hat den Begriff „MELU" (multiple environmental listening utility)[210] geprägt. In seinen Studien geht es darum, wie befriedigend für den effektiven Nutzer ein Hörsystem in den verschiedensten Hörsituationen (z.B. nicht nur im Zweiergespräch in ruhiger Situation sondern auch in grossen Räumen mit viel Nachhall und grosser Distanz zum Redner) ist.

Dass sich in den USA auch Betroffene für IndukTive Höranlagen in öffentlichen Gebäuden einsetzen, zeigt das Beispiel des selbst schwerhörigen Anwalts Richard N. Williams aus Lakewood Ranch, Florida. Er, der schon Rechtsfälle vor dem Obersten Gerichtshof (Supreme Court) der USA in Washington D.C. erfolgreich vertreten hat, hat sich jetzt erfolgreich für die Installation einer IndukTiven Höranlage im dortigen Gerichtssaal eingesetzt. Seit Oktober 2014 ist auch dort ein „hearing loop" installiert.

---

[209] Sergei Kochkin, Juliëtte Sterkens, Cynthia Compton-Conley, Douglas L. Beck, Brian Taylor, Patricia Kricos, Mary Caccavo, Alice Holmes, Thomas A. Powers, Consumer Perceptions of the Impact of Inductively Looped Venues on the Utility of Their Hearing Devices, The Hearing Review, Vol 21, No 10, October 2014, p. 24.

[210] Sergei Kochkin, Increasing hearing aid adoption through multiple environmental listening utility, in: Hearing Journal 2007, Vol. 60, No. 11, pp. 28-49.

35 Bauen für Hörbehinderte

Zum Glück ist die Verbesserung der Situation von schwerhörigen Menschen nicht nur dem guten Willen einzelner positiv eingestellter Individuen anheimgestellt. Es gibt Gesetze und Verordnungen, die (hör)behindertengerechtes Bauen[211] vorschreiben und somit zur Verbesserung der Situation beitragen.

Eines der frühesten Dokumente aus den USA ist der 1990 vom damaligen Präsidenten George H. Bush unterzeichnete „Americans with Disabilities Act".

In der Schweiz gibt es seit 2004 das Behindertengleichstellungsgesetz, das bei Neubauten und grösseren Renovationen in öffentlichen Gebäuden auch die hörbehinderten Menschen miteinbezieht. Wird dieses Anliegen von den Bauherrschaften nicht berücksichtigt, so besteht sogar ein gesetzliches Klagerecht[212].

Seit 2009 gilt die vom Schweizerischen Ingenieur- und Architektenverein verabschiedete Baunorm SIA 500 „Hindernisfreie Bauten" in der Schweiz. Darin heisst es: „Versammlungsräume wie Auditorien, Säle, Mehrzweckräume, Kultusräume u.ä. mit Flächen über 80 m^2 als Richtwert ... müssen mit einer Höranlage ... ausgestattet sein." Und weiter heisst es: „Höranlagen sind vorzugsweise als induktive Übertragungsanlagen auszuführen."[213].

Im Frühjahr 2014 hat die Schweizerische Fachstelle für behindertengerechtes Bauen in Zürich neue von einer Arbeitsgruppe[214] erarbeiteten Richtlinien herausgegeben, welche die bisherigen Richtlinien[215] konkretisieren[216]. So wird die IndukTive Höranlage folgendermassen beschrieben:

„Das Sprachsignal des Mikrofons wird über einen speziellen Verstärker (Konstantstromverstärker) auf eine bauseitig verlegte Induktionsleitung übertragen und in ein Magnetfeld umgewandelt. Die Induktionsempfangsspule (Telefonspule) im Hörgerät bzw. Implantatsystem wandelt das Magnetfeld wieder in ein elektrisches Signal.

---

[211] Max Meyer, Bauen für Hörbehinderte. Leitfaden für Architekten, Fachplaner und Bauträgerschaften, Zürich 2009.

[212] Pro audito Schweiz ist eine der Organisationen, welcher der Bundesrat dieses Klagerecht eingeräumt hat.

[213] Hindernisfreie Bauten (SIA 500: 2009 Bauwesen, Schweizer Norm SN 521 500), hrsg. vom Schweizerischen Ingenieur- und Architektenverein, Zürich 2009, S. 27.

[214] Angelo Clerici, Joe A. Manser, Heinz Nafzger, David Norman, Max Meyer, Patrick Röösli, Rolf Ruf, Andreas Willi.

[215] Kurt Eggenschwiler, Siegfried Karg, David Norman, Beschallungsanlagen, Höranlagen und Raumakustik (Hörbehindertengerechte Gestaltung), Zürich 2002.

[216] Angelo Clerici, / Joe A. Manser (Hrsg.), Richtlinien Hörbehindertengerechtes Bauen. Bauliche und technische Anforderungen, Zürich 2014.

Damit wird über das Hörgerät bzw. Implantat ein wahrnehmbares Sprachsignal erzeugt. Hall, Echos und Nebengeräusche werden so umgangen. Weil das Signal bei der induktiven Übertragung direkt auf das Hörgerät bzw. Implantatsystem übertragen wird, brauchen Hörgeräte-bzw. Implantat-Tragende keine Zusatzgeräte.

Für Hörbehinderte ohne Hörgerät bzw. Implantat können Induktions-Empfänger mit Kopfhörer ... abgegeben werden. Damit werden die Vorteile einer induktiven Höranlage für diese Personengruppe ebenfalls nutzbar“.[217]

Ein weiterer wichtiger Punkt ist der folgende:
„Die Funktion der Höranlage muss bei der Bauabnahme durch eine Abnahmemessung mit Messbericht nachgewiesen werden. Die verlegte Induktionsleitung ist in den Revisionsplänen zu dokumentieren.“[218]

Für Deutschland ist die Bundesbauordnung zu nennen, wie sie sich in DIN 18040 (2010)[219] konkretisiert. Auch hier wird auf das induktive Hören hingewiesen. “*5.2.2 In Versammlungs-, Schulungs- und Seminarräumen müssen für Menschen mit sensorischen Einschränkungen Hilfen für eine barrierefreie Informationsaufnahme zur Verfügung stehen.*“ Weiter heisst es in Anmerkung 2: *„Sind elektroakustische Beschallungsanlagen vorgesehen, so ist auch ein gesondertes Übertragungssystem für Menschen mit eingeschränktem Hörvermögen, das den gesamten Zuhörerbereich umfasst, einzubauen.*“ Und die *dazugehörende Anmerkung 3 lautet: „Im Allgemeinen ist eine induktive Höranlage sowohl für die Nutzer in der Anwendung als auch hinsichtlich der Bau- und Unterhaltungskosten die günstigste Lösung.*“

Spezielle und äusserst ausführliche Richtlinien zu induktiven Höranlagen wurden von der Obersten Baubehörde des Freistaats Bayern herausgegeben[220]. Zudem hat der Landesverband Bayern der Schwerhörigen und Ertaubten „Richtlinien für Auftraggeber“[221] herausgeben. Ebenfalls hat sich hier auch das Sozialamt der Stadt Nürnberg engagiert[222].

---

[217] Ebd., S. 21f.
[218] Ebd., S. 23.
[219] DIN 18040-1:2010-04 1 Barrierefreies Bauen - Planungsgrundlagen - Teil 1: Öffentlich zugängliche Gebäude.
[220] Oberste Baubehörde im Bayerischen Staatsministerium des Innern: Induktive Höranlagen beim Freistaat Bayern. Planungsrichtlinien. Stand 01.09.2011. Diesen Hinweis verdanke ich Frau Edeltraud Kerschenlohr.
[221] Landesverband Bayern der Schwerhörigen und Ertaubten e.V., Induktive Höranlagen. Richtlinien für Auftraggeber (Referat Technik: Thomas Jaggo), Faltblatt 2011.
[222] Amt für Existenzsicherung und soziale Integration - Sozialamt Nürnberg: Induktiv hören in Nürnberg. Jedes Wort verstehen, Nürnberg Oktober 2013 (Faltblatt, Text: Edeltraud Kerschenlohr).

Unter dem Titel „Warum indukTive Höranlagen?“ hat das Referat „Barrierefreies Planen und Bauen des Deutschen Schwerhörigenbundes[223] Richtlinien herausgegeben.[224]

Auch die Evangelische Schwerhörigenseelsorge in Deutschland setzt sich für Induktionsanlagen ein. Sie „fordert die Hersteller von Hörsystemen auf, weiterhin Hörgeräte mit ‚T-Spule‘ auszustatten und vorzuhalten, appelliert an Akustiker, bei der Beratung und Hörgeräteanpassung auf die induktive Technik hinzuweisen und diese zu aktivieren, bittet Kirchgemeinden, ihre Beschallungsanlage prinzipiell auch mit induktiver Übertragung auszustatten.“[225]

All diese Baunormen sind enorm wichtig, weil sie den rechtlichen Rahmen für (hör)barrierefreies Bauen abgeben.

In der Schweiz hat sich vor allem Daniel Ziegler, ehemals Geschäftsstellenleiter IGGH Interessengemeinschaft Gehörlose und Hörbehinderte (Bern und Freiburg) dafür eingesetzt, dass es ein im Internet abrufbares Höranlagenverzeichnis[226] sämtlicher mit Höranlagen versorgter öffentlicher Gebäude gibt. Auf seine Initiative hin ist das www.hoeranlagenverzeichnis.ch entstanden, wo man mit Google Maps einen entsprechenden Ort „anklicken“ kann und dann herausfinden kann, ob dort eine Höranlage vorhanden ist.[227]

Dass im Vereinigten Königreich IndukTive Höranlagen seit langem sehr verbreitet sind, hat meines Erachtens auch damit zu tun, dass man dort bereits 1993 eine eigene Norm[228] erarbeitete. Zudem sorgen der „Equality Act 2010“ und „The Building Regulations 2010“ für den rechtlichen Rahmen.

[223] Dipl.-Ing. Carsten Ruhe, Dipl.-Ing. Günter Brommer, Thomas Jaggo, Dipl.-Ing. Anna Maria Koolwaay, Peter Lottner, Dr.-Ing. Hannes Seidler, Dipl.-Ing. Matthias Scheffe, Martin Witt.

[224] Warum indukTive Höranlagen? Muss man sie in öffentlichen Gebäuden wirklich einbauen? DSB-Bundesreferat „Barrierefreies Planen und Bauen“ (refeRATgeber 4), Berlin 2013 (Verantwortlich für den Inhalt: Carsten Ruhe).

[225] Empfehlung der Evangelischen Schwerhörigenseelsorge zu Höranlagen in Kirchenräumen, in: SeelsOHRge 13. Ausgabe, Heft 2, 2012, S. 18.

[226] Eine nur auf die Stadt Winterthur beschränkte „Vorform“ eines Höranlagenverzeichnisses wurde 1999 in einem Stadtplan der Stadt Winterthur für Behinderte verwirklicht. Siegfried Karg, Stadtplan (auch) für (Hör-) Behinderte, in: dezibel. Zeitschrift für Hören und Erleben 11/1999, S. 17.

[227] Das Geniale dieses Verzeichnisses ist, dass dort nicht einfach „Höranlage“ aufgeführt ist, sondern dass angegeben wird, ob die Höranlage auch gemessen worden ist und der internationalen Norm entspricht (und damit auch hervorragende Sprachqualität liefert). Folgende Rubriken werden angezeigt: „Geprüfte Höranlage gemäss Norm“, „Überprüfte Höranlage (nicht nach Norm geprüft oder mit Mängeln)“, „Nicht überprüfte Höranlage, keine Bewertung.“

[228] Britisch Standard BS 7594:2011 Code of practice for audio-frequency induction-loop systems (AFILS), 2011

36 Weltweites indukTives Hören

„Die Weltgesundheitsorganisation schätzt, dass 299 Millionen Männer und 239 Millionen Frauen von Schwerhörigkeit (Hörverlust) betroffen sind. Die Mehrheit leidet an leichtgradiger bis mittelgradiger Schwerhörigkeit und die Zahl derer, die an starker bis hochgradiger Schwerhörigkeit leiden, macht weniger als 10% aus."[229]

Induktionstechnologie ist meines Erachtens immer noch die einzige universale[230], herstellerunabhängige[231], verzögerungsfreie[232] und auf die beschränkte Energie-Leistung der Hörgerätebatterien[233] zugeschnittene Technologie.

Während IndukTive Höranlagen in den skandinavischen Ländern und auch im Vereinigten Königreich seit vielen Jahren gang und gäbe sind, haben sie in den USA[234], dem weltweit grössten Hörgerätemarkt, seit einigen Jahren wieder „Fahrt aufgenommen".

---

[229] Yves Brand, Pascal Senn, Martin Kompis, Norbert Dillier, John HJ Allum, Cochlear implantation in children and adults in Switzerland, in: Swiss Medical Weekly. 2014;144:w13909, p. 1.

[230] Die Funktechnologie FM (Frequency Modulation) ist länderspezifisch. Funkfrequenzen, die in einem Land freigegeben sind, können in einem anderen Land der Polizei oder dem Militär vorbehalten sein, was der früheren Leiterin einer Schwerhörigen-Beratungsstelle in Graz, Österreich einen Polizeibesuch und einen schriftlichen Verweis einbrachte. Sie hatte einen Funkempfänger aus Skandinavien zu Testzwecken im Sortiment geführt, und wusste nicht, dass dessen Frequenz in Österreich verboten war. So sichert sich etwa die schwedische Firma Comfort Audio auf ihrer US-Webseite folgendermassen ab: „Like all radio systems, Comfort Digisystem communicates on specific channels. If you use two transmitters on the same channel or a neighbouring one, there may be interference. Other electronic equipment can also interfere with radio transmissions. The channel that you use in your country is perhaps not permitted abroad. Comfort Audio is not liable for unauthorized use of radio waves, such as, but not limited to interferences with police communication, or strategic communication, military installations etc." www.comfortaudio.com/us/

[231] Die FM-Empfänger funktionieren nur mit den speziellen Mikrofonen und Funksendern des entsprechenden Herstellers.

[232] Ob es bei der „Bluetooth"-Technologie jemals gelingen wird, die Zeitverzögerung ganz auszuschalten, kann ich zum heutigen Zeitpunkt nicht beurteilen.

[233] Siehe EHIMA-Presseerklärung vom 14. März 2014.

[234] In einer 2005 vom amerikanischen Schwerhörigenverband „Self Help for Hard of Hearing People SHHH" (jetzt: Hearing Loss Association of America) in der Mitgliederzeitschrift „Hearing Loss Magazine" durchgeführten Umfrage wird auch nach der IndukTions-Empfangsspule "T-coil/T-Switch" gefragt. Dort wird erfragt, ob man eine IndukTionsspule hat: „Do you have a T-switch (telecoil) on your hearing aid/cochlear implant?" Und als Antwortmöglichkeiten waren vorgeben: „Yes / No / Cost / Not informed / not recommended / Don't know". Die Zusatzfrage lautete: „If so, do you use it on the telephone?" Leider beziehen sich damals alle Fragen nur aufs Telefon, von IndukTiven Höranlagen ("hearing loops") ist (noch) keine Rede. Dies wird auch an folgender Frage deutlich: „Using my hearing aid(s) (and T-switch if applicable) or cochlear implant, I can comfortably understand speech on the telephone: Always / Sometimes / Never." 2005 SHHH Hearing Loss Survey, p. 3.

„Let's Loop America" (Induktionsanlagen überall in Amerika)

Neben dem selbst hörbehinderten amerikanischen Audiologieprofessor Dr. Mark Ross[235], der sich schon sehr früh für Hörhilfsmittel und auch für induktive Höranlagen eingesetzt hat, war es vor allem der selbst hörbehinderte amerikanische Sozialpsychologieprofessor Dr. David G. Myers (Holland, Michigan), der bei einem Besuch einer mit induktiver Höranlage ausgestatteten Kirche in Schottland die wesentlichen Vorteile induktiven Hörens[236] erkannt hatte, und der in den USA die Bewegung „Let's Loop America"[237] gestartet hat. Durch seinen Einsatz wurden induktive Höranlagen, die in den USA jahrzehntelang ein Schattendasein[238] geführt hatten, wieder bekannt[239].

Die amerikanische Audiologin Dr. Juliëtte Sterkens (Oskosh, Wisconsin), wurde durch David G. Myers motiviert, sich dem induktiven Hören zu widmen, hat ihre eigene Hörakustik-Praxis in Oskosh, Wisconsin, aufgegeben, und ist „Botschafterin für induktives Hören" des amerikanischen Schwerhörigenverbands (Hearing Loss Association of America) geworden. Neben David Myers ist sie die zweite Stütze in den USA und darüber hinaus[240].

Einen wichtigen Beitrag leistet auch der amerikanische Komponist und Toningenieur Richard Einhorn[241], der 2010 plötzlich sein Gehör verloren hat, auf einem Ohr gar nichts mehr hört und auf dem zweiten nur 30%. Einhorn war 2011 an der Zweiten Internationalen Konferenz über induktive Höranlagen und war dort sehr beeindruckt von der Qualität der temporär im berühmten

[235] Why a Hearing Aid is not Enough? (1999) und Mark Ross, Telecoils are about more than telephones, The Hearing Journal, May 2006, Vol. 59, No. 5, pp. 24-28.
[236] David G. Myers, A Quiet World, New Haven and London 2000, pp. 177-179.
[237] Seine Webseite ist www.hearingloop.org
[238] Ausnahmen sind: Norman Ledermann / Paula Hendricks, Induction Loop Assistive Listening Systems, in: Communication Access for Persons with Hearing Loss, edited by Mark Ross, Baltimore 1994, p. 19-39, und Frederick Palm (Assistive Audio, Toledo, Ohio), der jahrzehntelang die amerikanische Vertretung der englischen Firma Ampetronic (Hersteller von Induktionsschleifen-Verstärkern) inne hatte.
[239] David G. Myers, Progress Toward the Looping of America, The Hearing Review, February 1, 2010 http://www.hearingreview.com/2010/02/progress-toward-the-looping-of-america.html
[240] Wohl ist sie die erste Hörgeräteakustikerin seit langem, die am Europäischen Hörgeräteakustiker-Kongress der EUHA am 17. Oktober 2014 in Hannover einen Vortrag zum Thema „Die Bedeutung der Induktionsspule Heute" gehalten hat. Vgl. dazu jetzt auch den Artikel: Sergei Kochkin, Juliëtte Sterkens, Cynthia Compton-Conley, Douglas L. Beck, Brian Taylor, Patricia Kricos, Mary Caccavo, Alice Holmes, Thomas A. Powers, Consumer Perceptions of the Impact of Inductively Looped Venues on the Utility of Their Hearing Devices, The Hearing Review, October 2014. http://www.hearingreview.com/2014/09/consumer-perceptions-impact-of-the-impact-of-inductively-looped-venues-on-the-utility-of-their-hearing-devices.html
[241] Richard Einhorn, No Compromise. Composing and Living to the Hilt after Hearing Loss, in: Hearing Loss Magazine, Vol. 33, No. 3, May/June 2012, pp. 10-15. Barbara Kelley, Behind the Scenes. Composer Richard Einhorn and Voices of Light, in: Hearing Loss Magazine, Vol. 33, No. 3, May/June 2012, pp. 16-18.

Kennedy Center (Opernhaus) in Washington D.C. für das Musical „Wicked" installierten induktiven Höranlage[242] Er setzt sich ebenfalls für IndukTive Höranlagen ein, so etwa in seiner „Keynote Adress" an der Jahrestagung der Hearing Loss Association of America im Juni 2014 in Austin, Texas.

Auch der für seine Forschungen hinsichtlich der Korrelation von Schwerhörigkeit und Demenz international bekannte Assistenzprofessor an der Johns Hopkins Universiät in Baltimore, Maryland, der zugleich am dortigen „National Institute on Aging" tätig ist, zeigt ein durchaus realistisches Bild hinsichtlich der Hörgeräteversorgung und setzt sich gleichzeitig für IndukTive Höranlagen ein[243].

Dass es gelungen ist, dass die Taxi-Kommission von New York[244] sich entschieden hat, dass die neuen seit 2013 ausgelieferten Nissan-Taxis (ähnlich wie in England seit vielen Jahren) mit IndukTiven Höranlagen ausgrüstet werden, daran hat sicher Janice (Schacter) Lintz (Hearing Access Program) einen grossen Anteil.

Die selbst hörbehinderte kanadische Schauspielerin, Schriftstellerin und Komödiantin Gael Hannan richtet an die Audiologen / Hörgeräteakustiker den dringenden Apell, die Kunden auf die Bedeutung der Induktionsspule hinzuweisen[245] und den IndukTiv-Empfang gleich im Anpassraum mit einer IndukTiven Höranlage auszuprobieren.

Einen grossen Aufschwung hat das induktive Hören auch in Australien[246] genommen, wo sogar Eisenbahnzüge[247] und Katamarane[248] mit indukTiven Höranlagen ausgestattet sind.

---

[242] Siehe seinen Brief ans Kennedy Center im Kapitel 30: „Musikgenuss und IndukTive Höranlage".

[243] „Although hearing aids, cochlear implants, assistive listening devices, and other technologies have made great advances in recent years, Lin noted, they still fail to meet the needs of many older adults with hearing loss, such as extracting a voice from a noisy environment. At the same time, technology is continuing to advance rapidly, and newer devices, such as loops in public spaces and hearing applications built into smartphones, have tremendous potential to help people hear better." Frank Lin, in: Hearing Loss and Healthy Aging, Washington D.C. 2014, pp. 5-6.

[244] New York City Taxi & Limousine Commission: Improving Service for People with Hearing Loss: Enhanced Audio Communication RFI Update Induction Loop Pilot Proposal, October 11, 2007.

[245] "You have a telecoil in your hearing aid. Yes, you do. And if we activate it, you will be able to do all sorts of wonderful things. You could use the phone without feedback. You could use an FM system or audio loop which brings the television, movie or play, and voices of professors and other speakers right into your hearing aids! I have one right here in the office. Let's try it." Gael Hannan, Hearing Aids – What the Hearing Health Care Professionals Should Tell Us! in: Hearing Loss Magazine, Vol. 33, No. 1, January/February 2012, p. 20.

[246] Am Schwerhörigen-Weltkongress 2000 in Sydney, Australien und am Weltkongress der Hörgeschädigten-Pädagogen war ich noch der einzige Referent, der das Thema „IndukTives

So hat Pete Halsey (Canberra) an der Dritten Internationalen Konferenz über Induktive Höranlagen im Herbst 2013 in Eastbourne, England berichtet, „dass sämtliche Räume des neuen Flughafens der australischen Hauptstadt Canberra mit induktiven Höranlagen ausgestattet“[249] worden seien.

Hören“ behandelt hat. Vgl. meinen Vortrag “To Loop or not to Loop ... Advanced Technology Induction Loop Systems for Hearing Aids and Cochlear Implants.

Im Jahr 2000 wies Mark Ross auf die unterschätzte und zu wenig benutzte „Telefonspule/Induktionsspule“ hin: „Telecoils are still an underestimated and underutilized hearing aid feature. Even when they are included in hearing aids – and only about 30 percent of aids sold in the United States contain them – the amplification pattern they provide often seems an afterthought as opposed to the careful programming that signals arriving at the microphone receive.

It seems that “T” coils are underemphasized because: 1) they take room physically, and thus they cannot be incorporated in the smallest hearing aids; and, 2) they reflect a technology (induction coils) that has been with us for nearly a hundred years. Thus, they seem never to have taken hold among hearing aid engineers as a technological challenge (like the development of positionally insensitive telecoils). But it is a third reason that I would like to emphasize here.

For the most part, it seems that only the use of telecoils with telephones is considered during the hearing aid selection process.

Certainly, telephone communication remains the basic rationale for their inclusion in hearing aids (I know that I could not communicate on the telephone without one), but this is only true for people with moderate hearing losses or greater. Many people who wear in-the-canal (ITC) or completely-in-canal (CIC) hearing aids are able to communicate satisfactorily on the telephone by placing the earpiece right over their ear (although, I still think, particularly in a noisy background, that they could do better with a “T” coil).

This function was highlighted by a paper I recently read, delivered at the International Federation of Hard of Hearing People in Australia last July by Siegfried Karg from Switzerland.

In his paper, the Reverend Karg pointed out the frequent use of induction loops (ILs) in Europe, going back well over fifty years. Most of the churches in Scandinavia, for example, are looped as are many in other European countries. Unlike the United States, the use of IL systems appear to be increasing in Europe, in all types of venues, rather than decreasing as in this country. This development is probably fostered by the fact that in Europe most of the hearing aids delivered are behind-the-ear (BTE) model and routinely contain telecoils. (It seems that Europeans are less cosmetically sensitive than Americans!)

When a hearing aid contains a telecoil, and a listening venue provides an induction loop (IL) system, all that is necessary to access the signals is for the person to switch his/her hearing aid to the “T” position. There is no necessity to go through the inconvenience of checking an assistive listening receiver in and out. Also, since presumably the hearing aid is programmed to one’s own listening needs, the signal it delivers to a listener should be superior to that provided by an assistive listening systems (ALS) receiver. ...

A final advantage of IL systems is that they are the least expensive to purchase (since a personal hearing aid serves as the receiver) and the least expensive to operate (no need to pay someone to check them in and out, no need for new batteries, receiver replacements, etc.).” Mark Ross, Developments in Research and Technology, in: Hearing Loss, Vol. 21, No. 6, November/December 2000, p. 32.

[247] Diesen Hinweis verdanke ich Janice (Schacter) Lintz (New York), die mir ein Foto davon geschickt hat.

[248] Von Carmen Röser (Zürich) habe ich erfahren, dass sie bei einem Australienbesuch auf einem Katamaran gefahren sei, auf dem eine InduKTive Höranlage installiert war. „Die Linienschiffe - City Cat - sind schnittige Katamarane und technisch bestens ausgestattet. Auch an die Hörbehinderten wurde gedacht: im Innenraum konnte ich von jedem Platz sehr gut induktiv hören. Auch die internationale Beschilderung fehlt nicht.“ (E-Mail vom 17.9.2013).

[249] Siegfried Karg, Gemeinsames Ziel: Weltweites induktives Hören, in: Spektrum Hören. Das Magazin für Schwerhörige 6/2013, S. 51.

37 Danksagung

Wenn man sich als **T**heologe ins Gebiet der **T**echnik (Hörgeräte, Induk**T**ive Höranlagen, Raumakustik) wagt, dann kann das nur einigermassen gut gehen, wenn man sich von Spezialisten auf diesem Gebiet beraten lässt.

Leider gibt es zur Thematik dieses Buches praktisch keine Buchliteratur. Um mein eigenes Wissen während über 40 Jahren zu erweitern, habe ich mit den verschiedensten Menschen Kontakt aufgenommen und von deren Spezialwissen gelernt („brain picking", „das Wissen anderer anknabbern").

Es ist nicht möglich, alle diese Menschen hier aufzuzählen und ich entschuldige mich bereits jetzt bei all denen, deren Wissen ich „angeknabbert" habe, und hier zu erwähnen vergessen habe.

Die erste Person, die ich bewusst als schwerhörig erlebt habe, war im Jahr 1970 die Tante meiner Braut. Tante Erna verstand mich einfach nicht am Telefon, trotz all meiner Versuche, laut und deutlich zu reden.

Es war der selbst schwerhörige Willy Schiess aus Zürich-Leimbach (1918-2007), der mich dann aufs induktive Telefonieren[250] und später auf induktive Höranlagen[251] überhaupt aufmerksam gemacht hat. Er kann leider dieses Buch nicht mehr lesen.

Als ich 1994 an meiner ersten Internationalen Konferenz für Schwerhörigenseelsorge in Budapest / Ungarn teilgenommen habe, waren es vor allem der dänische Schwerhörigenseelsorger Pfarrer Jan Grønberg Eriksen und der Cheftechniker der dänischen Firma Oticon Lydsystemer, Nils-Erik Rasmussen, die mich in die Induktionstechnologie eingeführt haben.

Nachdem ich im „Landboten" (Winterthur) über eine neue Akustikanlage gelesen hatte, und mich erkundigte, ob auch an eine induktive Höranlage gedacht worden sei, erfuhr ich von Ing. HTL und Diplomakustiker SGA Thomas Imhof in Speicher/AR zum ersten Mal, dass es die seit 1981 gültige Norm IEC

[250] Auf seinen Vorschlag hin haben wir für die schwerhörige Tante meiner Frau bei der PTT (heute Swisscom) ein Telefon mit „Streufeldspule" (Mikrotelefonendverstärker MTEV 85) bestellt, was die Verständigungsprobleme am Telefon mit der Tante von einem Tag auf den anderen gelöst hat. Sie hat von da an beim Telefonieren ihr Hörgerät einfach auf Position „T" gestellt.

[251] Willy Schiess hat mich damals auch darauf aufmerksam gemacht, dass nur im vorderen Teil des Kirchenschiffs der evangelisch-reformierten Kirche Adliswil (Zürich), wo ich Pfarrer war, eine Induktionsschleife verlegt sei.

118-4 (jetzt IEC 60118-4: 2006) der Internationalen Elektrotechnischen Kommission[252] für IndukTive Höranlagen gäbe, die einzuhalten sei.

Thomas Imhof verwies mich auch an den Audio-Technikspezialisten David Norman in Ipsach (Kanton Bern), einen der international anerkanntesten Fachleute für IndukTive Höranlagen überhaupt und Vertreter der Schweiz in der IEC-Kommission. Von ihm habe ich fachlich wohl am meisten profitiert und ihn deshalb bei den meisten meiner späteren Präsentationen an internationalen Kongressen als Ko-Autor erwähnt.

Ein Pfarrerkollege verwies mich an Karl Baschnagel von der Eidgenössischen Materialprüfungsanstalt EMPA in Dübendorf ZH. Durch ihn bin ich auch mit Diplomingenieur ETH Kurt Eggenschwiler in Kontakt gekommen, heute Leiter der Abteilung Akustik der EMPA. Bei Kurt Eggenschwiler konnte ich auch als externer Hörer ein Semester lang die Vorlesung „Raumakustik“ an der Architekturabteilung der Eidgenössischen Technischen Hochschule in Zürich besuchen. Zudem konnte ich zusammen mit ihm und David Norman die Broschüre „Beschallungsanlagen, Höranlagen und Raumakustik“[253] verfassen.

Am Weltkongress der Schwerhörigen im Jahr 1996 in Graz / Österreich habe ich zum ersten Mal den selbst schwerhörigen Audiologieprofessor Dr. Mark Ross aus den USA getroffen. Mark Ross hatte schon früh auf die Wichtigkeit von „assistive listening devices“ (Hörhilfsmitteln) hingewiesen[254] und während Jahrzehnten in der Zeitschrift des amerikanischen Schwerhörigenverbands technische Artikel verfasst[255].

Durch einen Zeitschriftenartikel bin ich 1999 mit Diplomingenieur Carsten Ruhe, Inhaber eines Akustik-Beratungsbüros in Pinneberg DE, und jetzt Leiter des Referats „Barrierefreies Planen und Bauen“ des Deutschen Schwerhörigenbundes, in Kontakt gekommen. Er hat meines Erachtens wesentlich dazu beigetragen, dass das lange verwaiste und als „veraltet und störanfällig* angesehene Thema „IndukTive Höranlagen“ im Deutschen Schwerhörigenbund DSB wieder an Fahrt aufgenommen hat.

---

[252] International Electrotechnical Commission: Methods of measurement of electro-acoustical characteristics of hearing aids, Part 4: Magnetic field strength in audio-frequency induction loops for hearing aid purposes, Geneva 1981 (Publication 118-4).

[253] Kurt Eggenschwiler, Siegfried Karg, David Norman, Beschallungsanlagen, Höranlagen und Raumakustik. Hörbehindertengerechte Gestaltung, Zürich 2002.

[254] Vgl. etwa seinen Artikel „When a Hearing Aid is not Enough“ (1999).

[255] Es war für mich eine besondere Freude, den inzwischen hochbetagten Mark Ross zusammen mit seiner Frau Helen an der Convention 2014 der Hearing Loss Association of America in Austin, Texas, am 28. Juni 2014 wieder persönlich zu treffen.

Von Ingenieur HTL Heinz Nafzger, Pfäffikon ZH, den ich oftmals scherzhaft mit seiner Zustimmung als meinen „Schüler“ bezeichne, habe ich viel hinsichtlich normgerechter Messung von IndukTiven Höranlagen gelernt. Bei meinen internationalen Präsentationen habe ich auch ihn jeweils als Ko-Autor erwähnt.

Besonders zu nennen sind all die schwerhörigen Menschen, die mir ihre Lebensgeschichten und ihre oftmals erschütternden Erfahrungen als schwerhörige Menschen anvertraut haben: im Schwerhörigen-Verein Winterthur (jetzt Pro Audito Winterthur. Verein für Menschen mit Hörproblemen), dessen ehrenamtlicher Präsident ich seit 1993 bin, an den Delegiertenversammlungen des BSSV (jetzt: pro audito schweiz. Organisation für Menschen mit Hörproblemen), an den Zweijahresversammlungen des internationalen Schwerhörigenverbands IFHOH (International Federation of Hard of Hearing People), an denen ich pro audito schweiz vertreten durfte, an den Weltkongressen der Schwerhörigen in Graz (1996), Sydney (2000), Helsinki (2004) und Vancouver (2008), und an den Vorstandssitzungen und Jahresversammlungen des europäischen Schwerhörigenverbands EFHOH (European Federation of Hard of Hearing People), dessen Vizepräsident ich von 2002 bis 2010 war.

All diese Menschen haben mich motiviert, schwerhörigen Menschen ein seelsorgerliches Ohr zu schenken und mich dafür einzusetzen, dass Schwerhörigkeit durch optimal angepasste Hörgeräte und Cochlea Implantate und durch normgerechte IndukTive Höranlagen erleichtert wird.

Herzlich danken möchte ich auch dem BSSV (jetzt pro audito schweiz. Organisation für Menschen mit Hörproblemen), der mir mit seiner Zeitschrift „dezibel“ seit 1996 eine Plattform gegeben hat, wo ich meine kargen „Weisheiten“ veröffentlichen konnte und jetzt wieder abdrucken durfte.

Von 2003 bis 2012 war ich Mitglied im Zentralvorstand von pro audito schweiz und wurde an der Delegiertenversammlung vom 2. Juni 2012 in Zug zum Ehrenmitglied von pro audito schweiz ernannt. Auch dafür möchte ich mich bedanken.

Zu ganz besonderem Dank bin ich auch Chefarzt Prof. Dr. med. Thomas Linder verpflichtet, mit dem zusammen ich 9 Jahre lang im Zentralvorstand von pro audito schweiz sass, und der trotz grosser Arbeitsbelastung das Vorwort zu diesem Buch verfasst hat.

Ein besonderer Dank geht auch an Frau Claudia Kaiser vom Fromm Verlag in Saarbrücken, die mich ermuntert hat, dieses Buch zu veröffentlichen.

38 Nachwort

Ich habe dieses Buch nach bestem Wissen und Gewissen verfasst. Trotzdem kann es sein, dass sich Fehler eingeschlichen haben.

Ich bin nie „neutral" geblieben, sondern habe immer Stellung bezogen. Aber ich bin immer in meinem Einsatz für schwerhörige Menschen unabhängig geblieben.

Meine Ansichten sind oftmals bewusst pointiert vorgetragen. Sie sollen die längst überfällige Diskussion auch im deutschsprachigen Raum anregen.

Dass das Buch seinen alleinigen technischen Fokus auf IndukTiven Höranlagen hat (und andere Technologien nur am Rand behandelt), hat damit zu tun, dass diese kostengünstige Technologie meines Erachtens seitens der Hörsystem-Industrie und seitens der Hörakustik über Jahrzehnte in Deutschland[256], dem zweitgrössten Hörsystem-Markt der Welt nach den USA, und auch in der Schweiz[257] und in Österreich in einen „Dornröschenschlaf" gewiegt worden ist. Ich möchte zum Wohle von Millionen schwerhöriger und ertaubter Menschen Dornröschen wieder „wach küssen".

Winterthur, Schweiz, am Internationalen Tag der Menschen mit Behinderung

3. Dezember 2014 Siegfried Karg

---

[256] Sehr erfreulich ist die Pressemitteilung der Bundesinnung der Hörgeräteakustiker KdöR (biha) in Deutschland vom 20. Februar 2014 wo es heisst: „Induktive Höranlagen, auch als Ringschleifenanlagen oder Induktionsschleifen bezeichnet, machen es möglich, dass auch Hörgeschädigte mit und ohne Hörhilfen Gesprächen in schwierigen Hörumgebungen folgen können." Weniger erfreulich ist, dass nach einem Vortrag von Dr. Hannes Seidler Ende Januar 2014 an der Akademie für Hörakustik in Lübeck „im Jahr 2012 zwar Zweidrittel aller Hörgeräte mit Telefonspulen ausgestattet, aber nur gut die Hälfte davon aktiviert seien." Siegrid Meier, Fried-Ludwig Conrad, Ralf Struschka, Hören ohne Barriere – was können Hörgeräteakustiker dazu beitragen? in: Hörakustik 3/2014, S. 30.

[257] In der Schweiz dürfte die Situation ähnlich sein. So schreibt Othmar Lehmann: "Allerdings steht unseren Bemühungen für induktive Höranlagen eine unerfreuliche Tatsache im Wege: Viele Hörgeräte haben ihre Hörspule gar nicht mehr aktiviert. Beschämend muss die Tatsache wirken, dass Akustikerfachleute in Überschätzung ihrer digitalen Wunderwerke kaum mehr auf diesen Zusatznutzen aufmerksam machen. Für ältere Leute sei die Bedienung mit all ihren Funktionen zu kompliziert, wurde einmal argumentiert. So werden ... hörbehinderte Menschen einmal mehr für dumm verkauft." 100 Jahre pro audito bern. Das Buch, Bern 2014, S. 84.
"Wenn ein Autohersteller ein Auto ohne Rückwärtsgang anbieten würde nach dem Motto 'Sie fahren ja sowieso meistens vorwärts', dann würde man vom Kauf eines solchen Autos zurecht abraten ... Ob Sie sich aber ein Auto mit elektrischen oder manuellen Fensterhebern, mit Leder- oder Velourssitzen, mit automatischem oder mechanischem Getriebe kaufen, das bleibt der Überzeugungskunst des Autoverkäufers und letztlich Ihnen freigestellt. *Aber einen Rückwärtsgang brauchen Sie auf alle Fälle! Die Induktionsspule ... ist – bildlich gesprochen – der ‚Rückwärtsgang' des Hörgeräts."* Siegfried Karg, „Wie hast du's mit der IndukTion?" Die"Gretchenfrage" bei der Anschaffung eines Hörgeräts, Winterthur 1998, S. 2f.

39 Literaturverzeichnis / Bibliographie

Seit über 20 Jahren sammle ich entsprechende Fachartikel zur Thematik „Schwerhörigkeit“ und „IndukTive Höranlagen“. Ebenfalls habe ich für diese Publikation in verschiedenen Bibliotheken recherchiert (was heute durch den Online-Zugang eine enorme Erleichterung darstellt). Zudem habe ich die Zeitschriften „dezibel“ (seit 1996) und „Hearing Loss Magazine“ (seit 1998) „durchforstet“.

Diese ausführlichen Literaturangaben möchte ich dem Leser zur Verfügung stellen in der Hoffnung, dass Interessierte im Buch angeschnittene Themen weiter verfolgen, und dass bald einmal jemand das noch nicht existierende Buch „IndukTive Höranlagen 2.0“ verfassen wird.

--- Amt für Existenzsicherung und soziale Integration - Sozialamt Nürnberg: Induktiv hören in Nürnberg. Jedes Wort verstehen, Nürnberg Oktober 2013 (Faltblatt, Text: Edeltraud Kerschenlohr).

--- Basisinformationen Cochlea-Implantat, hrsg. von pro audito schweiz. Fachkommission Cochlea-Implantat, Zürich: pro audito schweiz 2013.

--- Battat, Brenda: Hearing Loss Spans the Globe. A Report on the International Federation of Hard of Hearing People's Sixth Congress, in: Hearing Loss Vol. 22, No. 2, March/April 2001, pp. 18-19.

--- Battat, Brenda: Education Campaign: Get in the Hearing Loop, in: Hearing Loss Magazine, Vol. 32, No. 1, January/February 2011, pp. 28-29.

--- Bayerisches Fernsehen, „Sehen statt Hören“ Sendung “Schweiz: Ein Schlaraffenland für Schwerhörige? Induktionsanlagen sorgen für gutes Hören”, 9. August 1997.

--- Becker, Maryanne: Der schwerhörige Patient. Ein Leitfaden für Arztpraxis, Klinik und Pflege, Frankfurt am Main: Mabuse-Verlag 2011.

--- Bengtsson, Peter O. / Brunved, Preben B.: When Hearing Aids Are Not Enough. The Need for Assistive Devices, in: Audiology Treatment, edited by Michael Valente, Holly Hosford-Dunn, Ross J. Roeser, New York. Stuttgart: Thieme 2000, pp. 581-599.

--- Beschallungsanlagen für Sprache. Empfehlungen für Architekten und Bauherrschaften, herausgegeben von der Schweizerischen Gesellschaft für Akustik, Luzern: SGA 2001. www.sga-ssa.ch

--- Biderman, Beverly: Wired for Sound. A Journey into Hearing, Toronto, Canada: Trifolium Books 1998.

--- Bircher-Müller, Ursula: Der schwerhörige Patient, München: MMV Medizin Verlag 1997 (Praxis Altenpflege).

--- Bisagno, Claudia: SBB (Schweizerische Bundesbahnen) richten vermehrt Schalter mit induktiven Höranlagen ein, in: dezibel. Zeitschrift für Hören und Erleben 2/2007, S. 32-33.

--- Blankenhahn, Rudolf: Hörgeräte-Ratgeber mit Übungsprogramm, Stuttgart, Jena, New York: Gustav Fischer Verlag 1993.

--- Blumberg, Alfred: Hörbehindertengerechte Seminarräume. Ein Pilotprojekt an der Universität Bern, in: dezibel. Zeitschrift für Hören und Erleben 9/2002, S. 19.

--- Bouton, Katherine: Shouting Won't Help. Why I – and 50 Million Other Americans – Can't Hear you (1. Aufl. 2013), New York: Picador 2014 (Taschenbuchausgabe mit neuer Einleitung).

--- Bouton, Katherine: Shouting Won't Help, But Writing About It Did, in: Hearing Loss Magazine, Vol. 34, No. 5, September/October 2013, pp. 12-16.

--- Bouton, Katherine, Simple Tech Fix Could Allow Millions to Hear, in: Bloomberg View, November 4, 2013.
http://www.bloombergview.com/articles/2013-11-04/simple-tech-fix-could-allow-millions-to-hear

--- Bower, Michael Ann: Hearing Loss and Dementia. Protecting Yourself from a Misdiagnosis, in: Hearing Loss Magazine, Vol. 33, No. 1, January/February 2012, pp. 38-39.

--- Brand, Yves / Senn, Pascal / Kompis, Martin / Dillier, Norbert / Allum, John HJ: Cochlear implantation in children and adults in Switzerland, in: Swiss Medical Weekly. 2014;144:w13909.

--- Britisch Standard BS 7594:2011 Code of practice for audio-frequency induction-loop systems (AFILS), 2011.

--- Brunner, René / Nöldeke, Ilse: Das Ohr. Anatomie, Pathologie und Physiologie des Ohres für Hörgeräteakustiker, Logopäden und audiologische Assistenzberufe, Stuttgart, New York: Georg Thieme Verlag 1997.

--- Clerici, Angelo / Manser, Joe A. (Hrsg.): Richtlinien Hörbehindertengerechtes Bauen. Bauliche und technische Anforderungen, Zürich: Schweizerische Fachstelle für behindertengerechtes Bauen 2014.

--- Crandell, Carl C. / Smaldino, Joseph J.: Room Acoustics for Listeners with Normal-Hearing and Hearing Impairment, in: Audiology Treatment, edited by Michael Valente, Holly Hosford-Dunn, Ross J. Roeser, New York. Stuttgart: Thieme 2000, pp. 601-637.

--- Crandell, Carl / Smaldino, Joseph / Lewis, M. Samantha / Kreisman, Brian: Auditory Rehabilitation Technology: Improving Communication for Individuals with Hearing Loss, in: Hearing Aids: Standards, Options, and Limitations, edited by Michael Valente, second edition, New York. Stuttgart: Thieme 2002, pp. 382-410.

--- Designing Induction Loops, Newark U.K.: Ampetronic o.J.

--- Dillon, Harvey: Hearing Aids, Second Edition, Sydney: Boomerang Press / New York, Stuttgart: Thieme 2012.

--- DIN 18040-1:2010-04 1 Barrierefreies Bauen - Planungsgrundlagen - Teil 1: Öffentlich zugängliche Gebäude.

--- Donzé, René: Gebäude sollten "hörgerätegängig" werden [Interview mit Siegfried Karg], in: Winterthurer Woche (WiWo) 12. Januar 1995, S. 24.

--- Dugan, Marcia B.: Living with Hearing Loss, Revised Edition, Washington D.C.: Gallaudet University Press 2003.

--- Dugan, Marcia B.: "Nothing About Us, Without Us". A Worldwide View of the Hearing Loss Community, in: Hearing Loss Magazine, Vol. 30, No. 1, January/February 2009, pp. 28-31.

--- Eggenschwiler Kurt / Baschnagel, Karl: Aktuelle Aspekte der Kirchenakustik, in: Schweizer Ingenieur und Architekt, Vol. 117, Nr. 25, 25. Juni 1999, S. 560-564.

--- Eggenschwiler, Kurt / Karg, Siegfried / Norman, David: Beschallungsanlagen, Höranlagen und Raumakustik (Hörbehindertengerechte Gestaltung), Zürich: Schweizerische Fachstelle für behindertengerechtes Bauen 2002.

--- Eidgenössisches Institut für Metrologie (metas): Liste der Hörgeräte, für die eine Vergütung durch IV und AHV gemäss den Verordnungen HVI und HVA (gültig ab 1. Juli 2011) zugelassen ist. http://www.metas.ch/metasweb/Fachbereiche/Akustik/PDFs/H%C3%B6rger%C3%A4te/HG_LISTE.pdf

--- Einführung in die Schwerhörigenseelsorge, hrsg. von Geertje-Froken Bolle, Volker Emler, Dietfried Gewalt, Eberhard Heiber und Volker Schmeling, Hamburg: Verlag hörgeschädigte Kinder 2000.

--- Emler, Volker: Seelsorge in Essen und im Ruhrgebiet, in: DSB report 6/2005, S. 10-11.

--- Einhorn, Richard: A Member's Response After Attending Wicked (Letter to the Editor), in: Hearing Loss Magazine, Vol. 32, No. 5, September/October 2011, p. 28.

--- Einhorn, Richard: No Compromise. Composing and Living to the Hilt after Hearing Loss, in: Hearing Loss Magazine, Vol. 33, No. 3, May/June 2012, pp. 10-15.

--- Empfehlung der Evangelischen Schwerhörigenseelsorge zu Höranlagen in Kirchenräumen, in: SeelsOHRge 13. Ausgabe, Heft 2, 2012, S. 17f.

--- Fasold, Wolfgang / Veres, Eva: Schallschutz und Raumakustik in der Praxis. Planungsbeispiele und konstruktive Lösungen, Berlin: Verlag für Bauwesen 1998.

--- Frazier, Stephen O.: What is a Telecoil? in: Hearing Loss Magazine Vol. 31, No. 1, January/February 2010, p. 27.

--- Frazier, Stephen O.: Hearing Loss – the Price of War, in: Hearing Loss Magazine Vol. 31, No. 1, January/February 2010, pp. 24-27.

--- Frazier, Stephen O.: America's Getting in the Hearing Loop, in: Hearing Loss Magazine, Vol, 34, No. 5, September/October 2013, pp. 34-36.

--- Gavazzi, Mario: Schwester Anna Eidenbenz, Gründerin der Schwerhörigenbewegung in der Schweiz, in: Hören und verstehen. Jubiläumsschrift 75 Jahre Schwerhörigenarbeit, Zürich: BSSV Bund Schweizerischer Schwerhörigen-Vereine 1995, S. 11-14.

--- Geisberger, Michael: Seelsorge für Schwerhörige und Ertaubte, in: DSB report 6/2005, S. 8-9.

--- Get in the Hearing Loop. A Joint Project of the Hearing Loss Association of America and the American Academy of Audiology, The Telecoil. Connecting Directly to Sound, (Broschüre), Bethesda, MD: HLAA 2011.

--- Gewalt, Dietfried: Trost im Alter für Hörgeschädigte, in: Wege zum Menschen 48. Jg., 1996, S. 432-438.

--- Gewalt, Dietfried: Schwerhörig und schwierig. Begegnung mit Hörgeschädigten in der Altenarbeit, in: Ratgeber Altenarbeit, hrsg. von Eckhard Lade, Teil 11/4.12, 1994, S. 1-14.

--- Greenemeier, Larry: Sound Approach. Loopy idea brings in speech loud and clear, in: Scientific American, January 2010, p. 20.

--- Grønborg Eriksen, Jan: Die Kirche als Pionier, in: Kongressbericht 3. Internationaler Kongress der Schwerhörigen 3.-8. Juli 1988, Montreux, Schweiz, Zürich: BSSV – Bund Schweizerischer Schwerhörigen-Vereine 1988, S. 326-328.

--- Güttner, Werner: Hörgerätetechnik, Stuttgart: Georg Thieme Verlag 1978.

--- Hamann, Karl-Friedrich / Schwab, Werner: Schwerhörigkeit. Störung der zwischenmenschlichen Kommunikation, Ursachen, Diagnose und Behandlung, Hörverbessernde Operationen und Hörgeräteversorgung, Stuttgart: Georg Thieme Verlag 1991.

--- Hamlin, Lise: Choosing and Using a Cell Phone with Your Hearing Aid or Cochlear Implant, in: Hearing Loss Magazine, Vol. 31, No. 6, November/December 2010, pp. 22-24.

--- Hannan, Gael: Hearing Aids – What the Hearing Health Care Professionals Should Tell Us! in: Hearing Loss Magazine, Vol. 33, No. 1, January/February 2012, p. 20.

--- Hearing Loss and Healthy Aging: Workshop Summary, edited by Tracy A. Lustig and Steven Olson, Washington D.C.: National Academies Press 2014.

--- Hear well in a noisy world. Hearing aids, hearing protection & more, in: Consumer Reports July 2009, pp. 32-37.

--- Hesse, Gerhard: Schwerhörigkeit kann “geerbt” sein, in: dezibel. Zeitschrift für Hören und Erleben 4/2006, S. 14-15.

--- Hindernisfreie Bauten (SIA 500: 2009 Bauwesen, Schweizer Norm SN 521 500), hrsg. vom Schweizerischen Ingenieur- und Architektenverein, Zürich: SIA 2009.

--- History of the European Federation of Hard of Hearing People, ed. by Marcel Bobeldijk and Kees Twilt, Stockholm: EFHOH 2012.

--- Hoffmann, Eckhard / Fleischer, Gerald / Müller, Reinhard / Lang, Ralf: Die Hörfähigkeit junger Erwachsener: Ist die Disco die Hauptursache aller Hörschäden? In: Audiologische Akustik, Vol. 36, 2/1997, S. 80-91.

--- Hoffmann, Eckhard: Hörfähigkeit und Hörschäden junger Erwachsener unter Berücksichtigung der Lärmbelastung, Heidelberg: Median-Verlag 1997.

--- Hohmann, Beat W.: Musik und Hörschäden. Informationen für alle, die Musik spielen oder hören, Luzern: SUVA 2009.

--- Huber, Karin: Heinz Nafzger sorgt für induktive Höranlagen, in: dezibel. Zeitschrift für Hören und Erleben 1/2005, S. 22-23.

--- Huber, Karin: In öffentlichen Räumen fehlen oft induktive Höranlagen, in: dezibel. Zeitschrift für Hören und Erleben 5/2005, S. 25.

--- Huber, Karin: „Wir brauchen unbedingt bessere induktive Höranlagen" [Interview mit Siegfried Karg], in: dezibel. Zeitschrift für Hören und Erleben 4/2006, S. 22-24.

--- Huber, Karin: Stadttheater Chur endlich mit guter Höranlage, in: dezibel. Zeitschrift für Hören und Erleben 5/2007, S. 30.

--- Huber, Karin: Wie wichtig ist denn das induktive Hören? [Interview mit Heinz Nafzger], in. dezibel. Zeitschrift für Hören und Erleben 5/2012, S. 11-13.

--- 100 Jahre Pro Audito Zürich. Menschen machen Hör-Geschichte, hrsg. von PRO AUDITO Zürich, Zürich 2012.

--- 100 Jahre pro audito bern. Das Buch, hrsg. vom Verein pro audito bern, Bern: pro audito bern 2014.

--- Huschke, Gabi: Kinogenuss für Hörbehinderte, in: dezibel. Zeitschrift für Hören und Erleben 4/2013, S. 32.

--- Ingrao, Brad: 21st Century Connectivity in Hearing Devices, in: Hearing Loss Magazine, Vol. 32, No. 6, November/December 2011, pp. 24-27.

--- Ingrao, Brad: Can You Hear Me Now? Maximizing Your Hearing on the Phone, in: Hearing Loss Magazine, Vol. 34, No. 3, May/June 2013, pp. 28-30.

--- International Electrotechnical Commission: Methods of measurement of electro-acoustical characteristics of hearing aids, Part 4: Magnetic field strength in audio-frequency induction loops for hearing aid purposes, Geneva: IEC 1981 (Publication 118-4).

--- Johns Hopkins, "The Telecoil" Plugging into Sound (Open Captioned) (Video 10:30) 18. Juni 1996.

--- Karg, Siegfried: Reisecar mit induktiver Höranlage, in: dezibel. Zeitschrift für Hören und Erleben 3/1996, S. 20-21.

--- Karg, Siegfried: Die unsichtbare Behinderung – sichtbar gemacht, in: dezibel. Zeitschrift für Hören und Erleben 3/1997, S. 4-7.

--- Karg, Siegfried: Sind Schwerhörige bei öffentlichen Veranstaltungen benachteiligt? Kurzvortag am 20.11.1997 in der evangelischen Auferstehungskirche Wien anlässlich der Einweihung einer neuen kombinierten Lautsprecher- und induktiven Höranlage für Schwerhörige (Manuskript, 1997).

--- Karg, Siegfried: „Wie hast du's mit der IndukTion?" Die „Gretchenfrage" bei der Anschaffung eines Hörgeräts. Orientierungshilfe für Konsumenten, Winterthur: Schwerhörigen-Verein 1998.

--- Karg, Siegfried: Wider den Widerhall! Raumakustik und indukTive Höranlage, in: dezibel. Zeitschrift für Hören und Erleben 12/1998, S. 8-10.

--- Karg, Siegfried: See how well I can Hear! In: IFHOH Journal, Vol. 20, No. 1, February 1999, pp. 10-13.

--- Karg, Siegfried: Jeder soll sehen wie gut ich wieder höre! Die Zukunft der Hörgeräteindustrie, in: dezibel. Zeitschrift für Hören und Erleben 1/1999, S. 7-11. (deutsche Übersetzung von „See how well …)

--- Karg, Siegfried: Aktuelle Aspekte der Kirchenakustik, in: dezibel. Zeitschrift für Hören und Erleben 10/1999, S.7-8.

--- Karg, Siegfried: Stadtplan (auch) für (Hör-)Behinderte, in: dezibel. Zeitschrift für Hören und Erleben 11/1999, S. 17.

--- Karg, Siegfried: Wir frieren lieber. Tabuisierte Schwerhörigkeit, in: dezibel. Zeitschrift für Hören und Erleben 12/1999, S. 27-28.

--- Karg, Siegfried: To Loop or not to Loop … Advanced Technology Induction Loop Systems for Hearing Aids and Cochlear Implants, Vortrag am 4. Juli 2000 am Weltkongress der Schwerhörigen in Sydney, Australien und am 13. Juli 2000 am Weltkongress der Hörgeschädigten-Pädagogen in Sydney / Australien (Manuskript)

--- Karg, Siegfried: Kultur- und Kongresszentrum Luzern (KKL) keine Heldentat für Hörbehinderte, in: dezibel. Zeitschrift für Hören und Erleben 7-8/2000, S. 41-42.

--- Karg, Siegfried: Vegi-Menü und Höranlage, in: dezibel. Zeitschrift für Hören und Erleben 7-8/2001, S. 36.

--- Karg, Siegfried: IndukTiv hören mit dem Hörgerät und mit dem Cochlea Implantat (Vortrag am Weiterbildungskurs der Interessengemeinschaft Gehörlose und Hörbehinderte der Kantone Bern und Freiburg IGGH am 17. November 2001 in Bern).

--- Karg, Siegfried: Hörbarrierefrei im Jahr Zweitausendunddrei, in: dezibel. Zeitschrift für Hören und Erleben 11/2002, S. 18.

--- Karg, Siegfried: Trotz Hörbehinderung eine Universität dirigieren [Interview mit alt Universitätsrektor Professor Hans Heinrich Schmid] in: dezibel. Zeitschrift für Hören und Erleben 2/2004, S. 7-11.

--- Karg, Siegfried: Only quality controlled induction loops are fit for the future. The new international standard IEC 60118-4 for Audio-Frequency Induction Loop Systems, PowerPoint Präsentation am Weltkongress der Hörgeschädigten-Pädagogen am 18. Juli 2005 in Maastricht / Niederlande.

--- Karg, Siegfried: Induktive Höranlagen kontrollieren: Die Norm bleibt auf der Strecke, in: dezibel. Zeitschrift für Hören und Erleben 2/2008, S. 20-21.

--- Karg, Siegfried: „Und wer bist du?“ Wie Begegnung mit demenzkranken Menschen gelingen kann (ethische und seelsorgerliche Aspekte), in: Siegfried Karg, Dass du wieder jung wirst wie ein Adler, Saarbrücken: Fromm Verlag 2011, S. 136-153.

--- Karg, Siegfried: Gemeinsames Ziel: Weltweites induktives Hören, in: Spektrum Hören. Das Magazin für Schwerhörige 6/2013, S. 50-51.

--- Karg, Siegfried: Gemeinsames Ziel: Weltweites induktives Hören, in: sonos Zeitschrift Januar 2014, S. 10-12.

--- Karg, Siegfried / Norman, David: Weltweites induktives Hören bleibt bedeutsam, in: dezibel. Zeitschrift für Hören und Erleben 2/2014, S. 22-23.

--- Karg, Siegfried: Sind Schwerhörige ausgeschlossen? In: Spektrum Hören. Das Magazin für Schwerhörige 4/2014, S. 23-24.

--- Karg, Siegfried: Weltweites induktives Hören, in: Hörgeschädigten-Pädagogik HÖRPÄD 4/2014, S. 158-159.

--- Kelley, Barbara: Behind the Scenes. Composer Richard Einhorn and *Voices of Light*, in: Hearing Loss Magazine, Vol. 33, No. 3, May/June 2012, pp. 16-18.

--- Kiessling, Jürgen: Endlich wieder besser hören, Stuttgart: TRIAS Verlag in MVS Medizinverlage 2002.

--- Kiessling, Jürgen / Kollmeier, Birger / Diller, Gottfried: Versorgung und Rehabilitation mit Hörgeräten, 2. Vollständig überarbeitete Auflage, Stuttgart. New York: Georg Thieme Verlag 2008.

--- Kirkwood, David H.: Search for new wireless standards worries some, in: http://hearinghealthmatters.org/hearingnewswatch/2014/hearing-industry-seeks-new-wireless-standard-hearing-aids-t-coil-advocates-say-fast/, April 30, 2014.

--- Kirschnick, Olaf: Pflegetechniken von A-Z, 4. Auflage, Stuttgart. New York: Georg Thieme Verlag 2010.

--- Kochkin, Sergei: Increasing hearing aid adoption through multiple environmental listening utility, in: Hearing Journal 2007, Vol. 60, No. 11, pp. 28-49.

--- Kochkin, Sergei / Sterkens, Juliëtte / Compton-Conley, Cynthia / Beck, Douglas L. / Taylor, Brian / Kricos, Patricia / Caccavo, Mary / Holmes, Alice / Powers, Thomas A.: Consumer Perceptions of the Impact of Inductively Looped Venues on the Utility of Their Hearing Devices, The Hearing Review, Vol 21, No 10, October 2014, pp. 16-26.

--- Kompis, Martin: Hörstörungen, in: Gabriela Stoppe / Eva Mann (Hrsg.): Geriatrie für Hausärzte, Bern: Verlag Hans Huber, Hogrefe 2009, S. 179-186.

--- Kompis, Martin: Audiologie, 3., vollständig überarbeitete Auflage, Bern: Hans Huber 2013.

--- Krankenpflegehilfe. Alle Fächer für Ausbildung und Praxis, herausgegeben von Irmgard Frey, Leonore Lübke-Schmid, Walther Wenzel, 12., vollständig überarbeitete Auflage, Stuttgart. New York: Georg Thieme Verlag 2011.

--- Krause, Christiane: Wer nicht hören kann, muss fühlen. Ein Leben mit Schwerhörigkeit, Frankfurt am Main: Fischer Taschenbuch Verlag 1994 (Lebenskrisen Lebenschancen)

--- Kricos, Patricia: Looping America. One Way to Improve Accessibility for People with Hearing Loss, in: Audiology Today, September/October 2010, pp. 39-43.

--- Kricos, Patricia: Why the American Academy of Audiology is Onboard With the „Get in the Hearing Loop“ Project, in: Hearing Loss Magazine, Vol. 32, No. 1, January/February 2011, p. 29.

--- Kricos, Patricia: Living Well with Hearing Loss. Professional and Consumer Collaboration for Hearing Loss Support Programs, in: Hearing Loss Magazine, Vol. 32, No. 1, May/June 2011, p. 16.

--- Landesverband Bayern der Schwerhörigen und Ertaubten e.V.: Induktive Höranlagen. Richtlinien für Auftraggeber (Referat Technik: Thomas Jaggo), Faltblatt 2011.

--- Lederman, Norman / Hendricks, Paula: Induction Loop Assistive Listening Systems, in: Communication Access for Persons with Hearing Loss. Compliance with the Americans with Disabilities Act, ed. by Mark Ross, Baltimore, Toronto, Sydney: York Press 1994, pp. 19-39.

--- Lexikon der Hörschäden, hrsg. von Peter Plath unter Mitarbeit von Herbert Bonsel, Claus Harmsen, Werner Salz, 2., neubearbeitete Auflage, Stuttgart, Jena, New York: Gustav Fischer Verlag 1995 (Ärztliche Ratschläge).

--- Lin, Frank R. / Metter, E. Jeffrey / O'Brien, Richard J. / Resnick, Susan M. / Zonderman, Alan B. / Ferucci, Luigi: Hearing Loss and Incident Dementia, in: Archives of Neurology February 14, 2011, Vol. 68, No. 2, pp. 214-220. http://archneur.jamanetwork.com/article.aspx?articleid=802291

--- Lin, Frank R. / Yaffe, Kristine / Xia, Jin / Xue, Qian-Li / Harris. Tamara B. / Purchase-Helzner, Elizabeth / Satterfield, Suzanne / Ayonayon, Hilsa N. / Ferucci, Luigi / Simonsick, Eleanor M.: Hearing Loss and Cognitive Decline Among Older Adults, in: JAMA Internal Medicine, February 25, 2013; 173(4): 10.1001. http://www.ncbi.nlm.nih.gov/pmc/articles/PMC3869227/

--- Lin, Frank R.: Hearing Loss in Older Adults - Who's Listening? In: JAMA March 21, 2012: 307(11): pp. 1147-1148 http://www.ncbi.nlm.nih.gov/pmc/articles/PMC3518399/

--- Lindner, Gerhart: Pädagogische Audiologie. Ein Lehrbuch zur Hörerziehung (1966), 4., bearbeitete und erweiterte Auflage, Berlin: Ullstein Mosby 1992.

--- MacLennan, Karen / McKinley, Richard: Hearing Loops: The WOW Factor – Hearing Beyond 8 Feet, Webinar March 24, 2014. http://www.audiologyonline.com/audiology-ceus/course/hearing-loops-wow-factor-beyond-24045

--- MED-EL Corporation USA: Getting Connected. A How-To Guide (Using Assistive Listening Devices), Durham, NC no year.

--- Meier, Siegrid / Conrad, Fried-Ludwig / Struschka, Ralf: Hören ohne Barriere – was können Hörgeräteakustiker dazu beitragen? In: Hörakustik 3/2014, S. 29-30.

--- Meier, Siegrid: Barrierefreies Hören dank der T-Spule, in: dezibel. Zeitschrift für Hören und Erleben, 3/2014, S. 15-16.

--- Meyer, Max: Bauen für Hörbehinderte. Leitfaden für Architekten, Fachplaner und Bauträgerschaften, Zürich: Sonos, Schweizerischer Verband für Gehörlosen- und Hörgeschädigten-Organisationen 2009.

--- Munsey, Christopher: In the (hearing) loop [Porträt David Myers], in: Monitor on Psychology, December 2011, pp. 59-61.

--- Muth, Rosemarie: Ein Teil vom Ganzen? In: DSB report 6/2005, S. 12-13.

--- Myers, David G.: A Quiet World. Living with Hearing Loss, New Haven & London: Yale University Press 2000.

--- Myers, David G.: The Coming Audiocoil Revolution, in: The Hearing Review 2002.

--- Myers, David G. / Lederman, Norman: Heard Around the World! Hearing aid compatibility and wireless assistive devices, in: Sound & Communications, April 2006, pp. 74-81.

--- Myers, David G.: UK and USA: Worlds Apart for People with Hearing Loss, in: Hearing Health, Summer 2007, pp. 1-5.

--- Myers, David G.: We've Looped West Michigan. Could We Loop America? in: Hearing Loss Magazine, Vol. 29, No. 5, September/October 2008, pp. 18-20.

--- Myers, David G,: International conference advances the cause of induction loop systems, in: The Hearing Journal, November 2009, Vol. 62, No. 11, p. 44.

--- Myers, David G.: Let's Loop America's Worship Centers, in: Technologies for Worship, May 2010, pp. 53-55. (revised 1/2014).

--- Myers, David G.: Progress Toward the Looping of America – and Doubled Hearing Aid Functionality, in: The Hearing Review, February 1, 2010, pp. 10-17.

--- Myers, David G.: Hearing Loops Conference Report: Communication Access Around the World, in: Hearing Loss Magazine Vol. 31, No. 1, January/February 2010, p. 21.

--- Myers, David G.: Get in the Hearing Loop (Letter to the Editor), in: Audiology Today, March/April 2011, p. 14.

--- Myers, David G. / Sterkens, Juliëtte: In the Loop. Helping the growing population with hearing loss, in: Sound & Communications, November 2010, pp. 76-81.

--- Nafzger, Heinz: Hörbehindertengerechtes Bauen – hörgerechtes Bauen, in: dezibel. Zeitschrift für Hören und Erleben 1/2007, S. 32-33.

--- Nafzger, Heinz: Wie baut man hörgerecht? (Normen, Richtlinien und Empfehlungen für Bauverantwortliche) in: dezibel. Zeitschrift für Hören und Erleben 4/2007, S. 24-25.

--- New York City Taxi & Limousine Commission: Improving Service for People with Hearing Loss: Enhanced Audio Communication RFI Update Induction Loop Pilot Proposal, October 11, 2007.

--- Nichtbehinderte Behinderte. Behinderte Menschen in Kirche und Gesellschaft, hrsg. von der Katholischen Behindertenseelsorge des Kantons Zürich, Erich Jermann, Zürich: NZN Buchverlag 1988.

--- Niparko, John K. / Carver, Courtney L.: Successful Aging and Our Hearing, in: Hearing Loss Magazine, Vol. 30, No. 1, January/February 2009, pp. 12-19.

--- Norm SIA 500 (siehe "Hindernisfreie Bauten")

--- Norman, David / Probst, Martin: Falsch verbunden? Hörbehindertengerechte Telefone sind hilfreich, in: dezibel. Zeitschrift für Hören und Erleben 3/2007, S. 30-31.

--- Oberste Baubehörde im Bayerischen Staatsministerium des Innern: Induktive Höranlagen beim Freistaat Bayern. Planungsrichtlinien. Stand 01.09.2011 [als PDF im Internet erhältlich].

--- Pelz, Corinna: Das Stigma Schwerhörigkeit: empirische Studien und Ansätze zur Erhöhung der Akzeptanz von Hörgeräten (Dissertation Universität Oldenburg 2006), Heidelberg: Median-Verlag von Killisch-Horn 2007.

--- Preves, David A. / Curran, James R.: Hearing Aid Instrumentation and Procedures for Electroacoustic Testing, in: Audiology Treatment, edited by Michael Valente, Holly Hosford-Dunn, Ross J. Roeser, New York. Stuttgart: Thieme 2000, pp. 1-58.

--- Pro Audito Schweiz. Organisation für Menschen mit Hörproblemen: Induktive Höranlagen (Ringleitungen). Merkblatt für Hörgeräte- und CI-Träger/-innen, Zürich Februar 2011, 4 A5-Seiten.

--- Reiter, Monika / Kleiss, Doris / Hochleitner, Petra / Aiglesberger, Michael: Gesundheits- und Krankenpflege. Ein Lern- und Arbeitsbuch für Pflegehilfe und Sozialbetreuungsberufe, Wien: Facultas Verlags- und Buchhandels AG 2012.

--- Remensnyder, Linda S.: Used Alone, Hearing Aids Fail to Deliver, Audiology Practices, Vol. 5, No. 3, August 2013, pp. 30-33.

--- Richtberg, Werner: Was schwerhörig sein bedeutet, Grossburgwedel 1990.

--- Richtberg, Werner: Altersschwerhörigkeit oder „Wenn die Wüsten wachsen“, in: dezibel. Zeitschrift für Hören und Erleben 2/2008, S. 12-13.

--- Richtberg, Werner: Psychische Leidenswege bei älteren Menschen, in: dezibel. Zeitschrift für Hören und Erleben 3/2008, S. 12-14.

--- Richtberg, Werner: Altersschwerhörigkeit: Nicht-Verstehen – Miss-Verstehen, in: dezibel. Zeitschrift für Hören und Erleben 4/2008, S. 12-13.

--- Richtlinien „Hörbehindertengerechtes Bauen. Bauliche und technische Anforderungen“, Zürich: Schweizerische Fachstelle für behindertengerechtes Bauen 2014. Bezug: www.hindernisfrei-bauen.ch

--- Romoff, Arlene: Listening Closely. A Journey to Bilateral Hearing, Watertown, MA: Charlesbridge 2011.

--- Ross, Mark: Personal and Social Identity of Hard of Hearing People, Vortrag am Weltkongress der Schwerhörigen 1996 in Graz, Österreich (Typoscript).

--- Ross, Mark: When a Hearing Aid is not Enough, Paper delivered at the "World of Hearing" conference Brussels, Belgium, May 29, 1999. http://www.hearingresearch.org/ross/hearing_aids/when_a_hearing_aid_is_not_enough.php

--- Ross, Mark: Developments in Hearing Technologies: An Overview of the Last 50 Years. PART I, in: Hearing Loss, Vol. 20, No. 6, November/December 1999, pp. 30-34.

--- Ross, Mark: Developments in Research and Technology, in: Hearing Loss, Vol. 21, No. 6, November/December 2000, pp. 32-35.

--- Ross, Mark: Developments in Research and Technology, in: Hearing Loss Vol. 22, No. 2, March/April 2001, pp. 34-36.

--- Ross, Mark: Developments in Research and Technology, in: Hearing Loss Vol. 22, No. 4, July/August 2001, pp. 36-37.

--- Ross, Mark: Audibility and Useful Hearing Aid Features (Developments in Research and Technology), in: Hearing Loss Vol. 24, No. 1, January/February 2003, pp. 32-35.

--- Ross, Mark: Telecoils are about more than telephones, The Hearing Journal, May 2006, Vol. 59, No. 5, pp. 24-28.

--- Ross, Mark: TV Listening Devices in the Comfort of Your Home, in: Hearing Loss Magazine, Vol. 27, No. 1, January/February 2006, pp. 30-35.

--- Ross, Mark: Supplement Your Hearing Aids. Hearing Assistive Technologie (HAT), in: Hearing Loss Magazine, Vol. 27, No. 6, November/December 2006, pp. 18-22+24.

--- Ross, Mark: Reflections ... On My Cochlear Implant, in: Hearing Loss Magazine, Vol. 28, No. 4, July/August 2007, pp. 14-17+30.

--- Ross, Mark: Premium Digital Hearing Aids, in: Hearing Loss Magazine, Vol. 29, No. 2, March/April 2008, pp. 22-25.

--- Ross, Mark: Bluetooth and Hearing Aids: Ready for Prime Time? in: Hearing Loss Magazine, Vol. 29, No. 6, November/December 2008, pp. 28-30.

--- Ross, Mark: Environmentally Adaptive Hearing Aids. A Look at Digital Hearing Aid Features, in: Hearing Loss Magazine, Vol. 30, No. 3, May/June 2009, pp. 18-20.

--- Ross, Mark: The Third Ear. Personal FM Systems for Adults, in: Hearing Loss Magazine, Vol. 31, No. 1, January/February 2010, pp. 16-18.

--- Ross, Mark: Stigma and Hearing Loss, in: Hearing Loss Magazine, Vol. 31, No. 3, May/June 2010, pp. 22-24.

--- Ross, Mark: From a Body Hearing Aid to the Cochlear Implant. Some Personal and Professional Reflections, in: Hearing Loss Magazine, Vol. 32, No. 4, July/August 2011, pp. 14-17.

--- Ruhe, Carsten: Grundsätzliche Überlegungen zu Beschallungsanlagen in Kirchen und grossen Veranstaltungsräumen (Taubert und Ruhe GmbH. Beratungsbüro für Akustik und Thermische Bauphysik), Halstenbek: Taubert & Ruhe 1996, 23 A4-Seiten.

--- Ruhe, Carsten: Günstige Raumakustik hilft Hörgeschädigten. Zur Berücksichtigung der Probleme Hörgeschädigter bei der schalltechnischen Planung, in: Beratende Ingenieure 11/12, 1998, S. 132-137.

--- Ruhe, Carsten: Alarmsignale, Informationen, Kommunikation, in: dezibel 7/2003, S. 22-23.

--- Ruhe, Carsten: Welche Büroräume brauchen hörgeschädigte Mitarbeitende? In: dezibel. Zeitschrift für Hören und Erleben 5/2009, S. 22-23.

--- Ruhe, Carsten: Frequenzgang-Messungen an Halsringschleifen, in: dezibel. Zeitschrift für Hören und Erleben 3/2011, S. 15-16.

--- Ruhe, Carsten: Induktive Höranlagen in öffentlichen Räumen, in: Lärmbekämpfung Bd. 8 (2013) Nr. 4 – Juli, S. 163-166.

--- Ruhe, Carsten: Eine Rampe für Schwerhörende? Oder: Was Barrierefreiheit wirklich bedeutet, in: Spektrum Hören. Das Magazin für Schwerhörige Nr. 4, Juli/August 2014, S. 26-27.

--- Sander, Monika / Albrecht, Martin: Evaluation der Qualität der Hörgeräteversorgung. Bericht im Rahmen des zweiten mehrjährigen Forschungsprogramms zu Invalidität und Behinderung (FoP2-IV) Forschungsbericht Nr. 1/14, Bern: Bundesamt für Sozialversicherungen 2013 (Beiträge zur Sozialen Sicherheit).

--- Schaub, Arthur: Digital Hearing Aids, New York. Stuttgart: Thieme 2008.

---- Schubert, Katarina: Schwerhörigenseelsorge in der Evangelischen Kirche, in: DSB report 6/2005, S. 9.

--- Schulz, Siegfried: Gott ist kein Sklavenhalter. Die Geschichte einer verspäteten Revolution, Zürich: Flamberg Verlag / Hamburg: Furche Verlag 1972.

--- Seidler, Harald: Schwerhörigkeit. Ursachen, Diagnostik, Therapie, Hörgeräteversorgung, Heidelberg: Kaden Verlag 1996.

--- Sha, Su-Hua / Schacht, Jochen: Drug-Induced Hearing Loss: How It Can Be Prevented, in: Hearing Loss, Vol. 19, No. 3, May/June 1998, pp. 14-18.

--- Shaw, Gina: A Surge in Hearing Loops Gives Hearing-Impaired Front Row Seats, in: The Hearing Journal, September 2012, Vol. 65, No 9, pp. 14-17.

--- Snyder, Michael: Cutting the Phone Cord for the Hearing Loss Community, in: Hearing Loss Magazine, Vol. 30, No. 1, January/February 2009, pp. 24-26.

--- Sorkin, Donna L.: Developing an Identity for People with Hearing Loss, Keynote Address before the International Federation of Hard of Hearing People, August 9, 1996, Graz, Austria (Typoscript)

--- Sterkens, Juliëtte: Are we missing an incredible opportunity to help our patients hear – and to grow our industry? in: The Hearing Review, February 2010, p. 14.

--- Sterkens, Juliëtte: Roadmap to a Looped Community, in: Audiology Today, May/June 2014, pp. 26-31.

--- Sterkens, Juliëtte: Hearing Loop Technology. Hear in Places Where Hearing Devices Alone Are Unable to Deliver, in: Volta Voices, Sep/Oct 2014, pp. 18-21.

--- Stoifl, Manfred: Why the Hearing Impaired do not Use Hearing Instruments, in: Jun-Ichi Suzuki, Takeo Kobayashi, Keijiro Koga, Hearing Impairment. An Invisible Disability. How You Can Live With a Hearing Impairment, Tokyo Berlin Heidelberg New York 2004, pp. 202-206.

--- Sturma, Alfred: Induktive Höranlagen (Induktive Schwerhörigensysteme) Aufbau und Funktion. Ein kurzer Leitfaden für Anwender und Hörgerätebenutzer, Wien: Ing. Sturma & Partner KEG 1997.

--- Tesch-Römer, Clemens / Wahl, Hans-Werner (Herausgeber): Seh- und Höreinbussen älterer Menschen: Herausforderungen in Medizin, Psychologie und Rehabilitation, Darmstadt: Dietrich Steinkopff Verlag 1996.

--- Thiemes Pflege. Das Lehrbuch für Pflegende in Ausbildung, herausgegeben von Susanne Schwewior-Popp, Franz Sitzmann, Lothar Ullrich. Begründet von Liliane Juchli, 12. Vollständig überarbeitete und erweiterte Auflage, Stuttgart. New York: Georg Thieme Verlag 2012.

--- Thompson, Stephen C.: Microphone, Telecoil, and Receiver Options: Past, Present, and Future, in: Hearing Aids: Standards, Options, and Limitations, edited by Michael Valente, second edition, New York. Stuttgart: Thieme 2002, pp. 64-100.

--- Tierney, John: A Hearing Aid that cuts out all the Clatter [Interview mit Richard Einhorn], in: The New York Times, October 24, 2011. p. A14.

--- Torres, Amy: Arizona T-Coil Law a First, in: Hearing Health, Summer 2007, p. 5.

--- Trychin, Sam: Why Don't People Who Need Hearing Aids Get Them? in: Hearing Loss, Vol. 22, No. 3, May/June 2001, pp. 15-19.

--- Ulrich, Jens / Hoffmann, Eckhard: Hörakustik: Theorie und Praxis, 2. Auflage, Heidelberg: DOZ Verlag 2011.

--- Valente, Michael: The Telecoil: The Lonely Transducer that Can Be a Big Producer, in: Audiology Online, July 2013 http://www.audiologyonline.com/

--- Van Vliet, Dennis: Telecoils Still Useful and Effective After All These Years; But Don't Ignore Other Options for Patients, in: Hearing Review, Published September 17, 2014.

--- Wallhagen, Margaret: The Stigma of Hearing Loss, in: The Gerontologist Vol. 50, No. 1, 2010, pp. 66-75.

--- Warick, Ruth: Hearing Loops. 3rd Hearing Loops Conference, October 6 and 7, 2013, in: IFHOH Journal October 2013, pp. 19-21.

--- Warum indukTive Höranlagen? Muss man sie in öffentlichen Gebäuden wirklich einbauen? DSB-Bundesreferat „Barrierefreies Planen und Bauen“ (refeRATgeber 4), Berlin: Deutscher Schwerhörigenbund 2013.

--- Weber, Andreas / Ruhe, Carsten: Barrierefreiheit für Schwerhörige ist bei frühzeitiger Planung nicht teuer! in: Spektrum Hören. Das Magazin für Schwerhörige Nr. 3. Mai/Juni 2014, S. 40-43.

--- Weiss, Stefanie: How hearing loops can help, in: The Washington Post, April 9, 2012.

--- Wisotzki, Karl-Heinz: Altersschwerhörigkeit. Grundlagen, Symptome, Hilfen, Stuttgart: Verlag W. Kohlhammer 1996.

Ausgewählte Webseiten:

Schweiz:
pro audito schweiz. Organisation für Menschen mit Hörproblemen
www.pro-audito.ch

Forom écoute – la fondation romande des malentendants
www.ecoute.ch

ATiDU Ticino e Moesano Associazione Per Persone Con Problemi D'Udito
www.atidu.ch

Deutschland: Deutscher Schwerhörgenbund DSB
www.schwerhoerigen-netz.de

Österreich:
Österreichischer Schwerhörigenbund ÖSB
www.oesb-dachverband.at

Österreichische Schwerhörigen- Selbsthilfe ÖSSH
www.oessh.or.at

Vereinigtes Königreich:
Hearing Link – UK organisation for people with hearing loss
www.hearinglink.org

Action on Hearing Loss (former RNID)
www.actiononhearingloss.org.uk

Europäischer Schwerhörigenverband: European Federation of Hard of Hearing People EFHOH
www.efhoh.org

Internationaler Schwerhörigenverband: International Federation of Hard of Hearing People IFHOH
www.ifhoh.org

Internationaler Verband für Schwerhörigenseelsorge IVSS / Churchear:
www.churchear.org

Vereinigte Staaten von Amerika:

Hearing Loss Association of America
www.hearingloss.org

ALDA Association of Late-Deafened Adults
www.alda.org

Hersteller von Konstantstromverstärkern für IndukTive Höranlagen

in alphabetischer Reihenfolge

Ampetronic (United Kingdom)
www.ampetronic.com

Vertrieb Schweiz:
MediaDist AG, Kehrsatz/Bern
http://www.mediadist.ch/d/ampetronic-inductionloop-hearingaid

Vertrieb Deutschland:
Laauser & Vohl GmbH, Ostfildern
www.laauser.com

Vertrieb Österreich:
Kain Audio-Technik GmbH & Co KG, Salzburg
www.kainaudio.at

Vertrieb USA:
Listen Technologies, Bluffdale, UT
www.listentech.com

Contacta Hearing Loop Systems (United Kingdom + USA)
www.contactaglobal.com

Univox by Edin (Schweden)
www.edin.se www.univox.eu

Vertrieb Schweiz:
HumanEnable GmbH, Unterägeri ZG
www.humanenable.ch

Vertrieb Deutschland und Österreich:
Audio Pro Heilbronn Elektroakustik GmbH, Heilbronn
www.audiopro.de

Höranlagenverzeichnisse:

Schweiz: http://www.hoeranlagenverzeichnis.ch/

Deutschland: http://www.schwerhoerigen-netz.de/MAIN/hoeranlagen.asp?inhalt=01

(alle Angaben gemäss Internet, Dezember 2014)

Printed by Books on Demand GmbH, Norderstedt / Germany